評言社MIL新書

ドラッグストア真価論

誰もが健康で幸せな生活を実現するために

山本 武道

Takemichi YAMAMOTO

013

評言社

推薦の言葉――発刊に寄せて
「生活者の健康創造とドラッグストア」

我が国は、少子化・高齢化・人口減少が進行し、男女ともに平均寿命は延び続け、〝人生100年時代〟を迎えようとしております。

このような環境のなか、健康な生活を送ることができる「健康寿命を延伸」し、平均寿命に近づけることに貢献できるかが、我々ドラッグストアの重要な使命であると考えています。

マツモトキヨシが1987年、上野アメ横にオープンした店舗は、「それまで体調の優れない方がご相談にお見えになることが主だった薬局・薬店のイメージを払拭し、元気な時からご来店いただける、正に美しく健康で楽しい毎日をおくるためにご利用いただきたい」との願いから開発した都市型の画期的なドラッグストア業態です。

1996年には、全国ネットのCMを展開したことで、マツモトキヨシという社名のみならず、全国に展開するドラッグストアという業態が認知され、バラエティーに富んだ品揃え、そして楽しく、美しく、元気に貢献するお店であるとの印象をもっていただけたものと考えております。

1999年には、店舗間では競争し合う企業が大同団結し、日本チェーンドラッグストア協会を設立。

各社が〝自分の健康は自分で守る「セルフメディケーション」を推進〟することで、医療費の削減や地域社会の発展に貢献するとともに、50年ぶりの薬事法改正が実現できたものと考えます。

しかし、このような取り組みは、口コミや各社の取り組みだけでは生活者の皆様に理解浸透を図ることは難しかったと思います。

山本武道さんは、50年以上にわたる取材活動の中で、協会や各社の取り組み、行政や医療にかかわる様々な情報を広く正しく発信し、業界の発展に大きな貢献をしていただきました。

この度、これまでの成果を纏めた書籍を発刊されるとお聞きし、今までのご尽力に感謝申し上げますとともに、今後も生活者のお手本として、ますます楽しく健康でご活躍されることを祈念申し上げます。

日本チェーンドラッグストア協会初代会長
株式会社マツキヨココカラ&カンパニー代表取締役会長
松本　南海雄

プロローグ
健康寿命延伸時代下におけるドラッグストア

8万店あまりの店舗がひしめく医薬品小売業。なかでも2万1700店を超すドラッグストアは、経済産業省より産業として認められてから23年後の今、3・2倍の8兆5400億円市場（2021年度）を形成するまでに成長した。かつてはモノを消費する消費者を味方につけ、大量仕入れ、ディスカウントによる大量販売を得意とし市場を拡大し続けてきた業態が大きく変革しなければならない時代が到来しようとしている。

急速な高齢社会の到来に伴い、健康寿命延伸時代に突入し、ドラッグストアの機能は治療産業から〝未病と予防〟をキーワードとしたヘルスケア産業の一翼を担う業態としての役割が重視されるようになってきたからだ。

今やヘルスケアは、業種を超えた小売業の共通したテーマでもあり、10兆円産業化に挑むドラッグストアにとっても競合の荒波を乗り越えるための武器となっている。これからは、商品（ハード）と情報（ソフト）に心を添えるカウンセリング知識を持つ人財が店頭に常駐し、日常生活のケア、健康になるための知識が得られ、必要な商品を入手することができるワンストップショッピング機能を持つドラッグストアに期待する国民（生活者）が増える。

だからこそドラッグストアは、早急に快適な健康生活を望む生活者のヘルスケア・ニーズに対応するヘルスケア・ステーションとしての道を歩み始めなければならないのだ。

近年では、人工肛門や人工膀胱を造設したオストメイト対応のトイレ、心停止状態にある人を救命するＡＥＤ（自動体外式除細動器）を全店に導入したドラッグストア、抗がん剤の副作用で頭髪が抜けた際の医療用ウイッグ、乳がんを切除した際の人工乳房、矯正下着などを取り揃えた、がん患者のためのケアコーナーを開設したドラッグストアなどが注目されている。

さらにはクイズ形式で、がんの基礎的な知識について無料で楽しく学べるタッチパネル式機材を導入、がんにかかわる情報の提供を通じ、来店客のがん検診受診について関心を高めることにつなげられる「みんなのがん学校」を開設したドラッグストアもみられる。

「で、どのくらい儲けになるの？」といった声が聞かれそうだが、むろん利益も大切ではあるものの、社会的な貢献も忘れてはならないだろう。

では、何のためにドラッグストアは存在し、進化し続けてきたのか。

それは、「国民の誰もが健康で幸せな生活を実現」するために、ドラッグストアが存在するという創業者の企業フィロソフィー（哲学）に負うところが多いことを次世代経営者と関係者に噛み締めてほしいと願っている。

本書は、猛烈な生存競争を繰り広げていたドラッグストア業界を一本化させ、一般社団法人日本チェーンドラッグストア協会（JACDS：JAPAN ASSOCIATION OF CHAIN DRUG STORE）の旗揚げに奔走し、「健康生活に役立つドラッグストアに行こう」といってもらえる新しい業態づくりに命をかけてきた初代事務総長の宗像守さんと創業者たちの物語だ。

さらに生活者から信頼され、愛され、支持されるドラッグストアになるために、これからどのように歩んでいかねばならないか。

本書はまた、2030年に総年商13兆円を目指すドラッグストア業界がどう進化していくかについても記した。

国民のヘルスケア・ステーションとしてのドラッグストアの〝真価力〟をくみ取っていただければ幸いである。

山本 武道

目次

第2章　ＪＡＣＤＳ設立に命をかけて奔走した宗像守初代事務総長物語

第3章　ドラッグストアが産業化されてから23年後の今

第4章　国民が期待するドラッグストア像

第5章 ヘルスケア・ステーションとしてのドラッグストアが往く

第1章

なぜ、今ドラッグストアなのか

1．病気産業から健康産業への道を歩んだドラッグストアの創成期

■アメリカ流通業視察で創業者たちを待ち受けていたハプニング

１９６０年代の後半、アメリカのとある飛行場に日本の大型店経営者がいた。アメリカ流通業界で、生活者に支持されていたドラッグストア最前線を学ぶためだ。参加したのは、薬を中心とした〝病気産業〟優先だった経営から脱皮し、健康と美を中心とした〝健康産業〟に関わる経営を目指す若き経営者たちだった。

医薬分業推進の機運が高まっていたが、実際には処方箋の発行はままならぬ時代。経営者たちは大繁盛していたアメリカ流通業界の最先端をいくドラッグストアの隆盛ぶりを、自分の目で見て聞いて商品に触り確かめることに主眼を置いていたのだ。

これからの医薬品小売業経営のヒントを求め、わくわくして飛行機から出てくる荷物を待っていた彼らにアクシデントが起こった。待っていた荷物は30分、１時間経過しても、いっこうに出てこない。手違いで、彼らの荷物は次の予定地まで運ばれてし

まったのだ。

視察するための必要な生活用品はなく、着の身着のままになった彼らの上着には、幸いなことにパスポートと財布があり、彼らは薄暗くなってきた飛行場からタクシーに分乗し、予約していたホテルへと向かった。

ホテルへの道は真っ暗になり、心細くなっていた矢先に、遠くに一筋の明かりが見えてきた。

光の主は、24時間営業のコンビニエンスストアだった。とりあえずタオル、石鹸、歯磨きと歯ブラシ、ティッシュ、肌着類など当座の生活必需品、パンと飲み物を購入した。その時に彼らから一斉に声が上がった。

「そうだ、われわれが求めている店はこれだよ、これ！」

経営者たちの頭に浮かんだドラッグストアという新しい業態は、24時間営業の便利な店に、食品も含めた生活必需品、健康と美容関連用品があり、しかも処方箋調剤に応じてくれるカウンセリング力のある店舗。これこそが、日本で国民に支持され、愛される快適健康創造型の店づくりを思い立った瞬間だった。

■スタッフの「May I help you?」に一瞬ほっとする

わが国のドラッグストアの歴史は、〝先見の明〟を持ち、果敢に先陣を切ってきた創業者たちの存在を抜きにして語ることはできない。

「やってみなはれ」。〝経営の神様〟といわれた松下電器産業創業者の松下幸之助さんは、何はともあれ行動した。行動しなければ何も始まらないからだ。わが国におけるドラッグストア経営者の多くは、流通業のなかでも隆盛を誇っていたアメリカのドラッグストアをできる限り多く見て、聞いて、販売と人財に関わるマネジメントのノウハウを学んできた。

「May I help you?」。とてつもない広い売り場で商品を手に取ると、すかさず笑顔のスタッフが声をかけてくる。「我々の動向を、どこで見ていたのだろうか?」と思いたくなるほど実にタイミングよく、私たちに寄り添い説明してくれる。「ほっとする一瞬だった」と視察に参加した経営者たちは話していた。

アメリカのドラッグストアでよく見かける光景である。視察に参加した経営者たちは、通路が広くクリーンな店内、快適な健康創造に役立つ数々の商品があって、楽しく買い物ができる等々、その迫力に圧倒されながら、時間が経つのも忘れて店内を見て回った。

ヘルス&ビューティケア商品、食品、健康飲料、菓子から、ペットフード、園芸用品、フラワーショップ、ベーカリー、DPE、クリーニング、眼鏡、衣料品も取り扱う。そしてフードコート、シアターや銀行、自然食品専門店、フィットネス施設、ダイエットセンター、日曜大工用品部門も併設したショッピングセンターに来れば、日々の生活の必要な商品が揃っていて年中無休。医薬品を中心とした日本の医薬品小売業とはかけ離れた、アメリカのドラッグストアの生活産業の一翼を担う実情に触れ、より健康に美しくなるための商品やカウンセリング、さらには広い店内で様々な商品を選ぶ楽しさもあることを知ったのである。

やがて、アメリカ視察で学んだ彼らの経営は一変した。それは、健康寿命延伸産業の中核となるヘルスケア・ニーズ対応への店づくりだった。アメリカのドラッグストアこそが、国民の健康創造生活をサポートする新しい業態として健康産業の基幹としてのヘルスケア・ステーションづくりのお手本になったことは言うまでもない。

2．医薬品小売業界に新業態を実現した三つの企業と経営者

ハックイシダ創業者の石田健二さん

■日本初のホームセンター型スーパードラッグをデビューさせる

個人経営のイシダ薬店をルーツとする、二代目経営者が石田健二さんだ。

英語の教師を目指していた石田さんは、ある日、父親からイシダ薬店の経営を任されることになり急遽、薬科大学に入学し、薬剤師となった。毎日、毎日、忙しい日々を過ごすなか、「これからは健康と美のニーズの高まりを受けた店づくりが必要」として新しい業態を目指した。

新しい業態の手本はアメリカ。再三の視察で、国民から圧倒的な支持を得て躍進していたドラッグストアのマネジメントと店舗展開ノウハウを学び、１９８６年に日本

初のホームセンター型スーパードラッグストアをデビューさせた。

　スーパードラッグの運営では、広いスペース内への商品導入に、ホームセンターを手がける企業にヒントを得るなど、常にアイデアを即実践し、成功に導いてきた。その過程では、東京の問屋で数々の製品を仕入れ、店に戻る電車内で隣に座った男性客に、「こういう店をやっていますので、一度店を見にきませんか」と声をかけるなど人財をスカウトする一方、二度の合併劇を演じ、企業規模を拡大してきた。

　かつて石田さんが語った言葉が印象に残っている。

「ドラッグストアが社会的使命を果たすためには、いかに生活者に支持され、選ばれる店づくりができるかにかかっている。これからは、われわれが夢に見た理想のドラッグストアの新しい世界が待っている」

　石田さんは90歳を超えたがご健在で、横浜に事務所を構え、多忙な日々を過ごされている。

　創業当初から来店客に「何とかして健康を取り戻してほしい」と笑顔で接客してきたその源流は、社名がウエルシアと変わっても受け継がれていると思っている。

千葉薬品創業者の齋藤茂昭さん

■Drg+SM、アウトドア、HIT、介護に取り組む

1960年、千葉市内にわずか4坪の薬屋を開店した薬剤師は、夫人の陽子さんとともに地域住民のための健康アドバイザーになった。その薬剤師とは齋藤茂昭さん。千葉薬品の創業者だ。

「Young And Clean」――ヤックスドラッグを運営するかたわらスーパーマーケット、アウトドア専門店、在宅医療・介護分野にも参入。地域住民のためのドラッグストアとして信頼を集めていった。

その後、齋藤さんは100店舗超、年商400億円を超えるまでに育てた千葉薬品を引退。請われて地元の身障者施設の理事長となり活躍してきた。そして「大好きだった千葉薬品に、もう一度尽くしたい」と創業50周年を契機に取締役に復帰したものの、2011年5月、日本のドラッグストアづくりに奔走した友人を見舞いに行った地で亡くなられた。

齋藤さんの創業時代は苦難の連続だった。

1960年開店の初日、店内には、1箱の医薬品とともに問屋から借り受けた空のパッケージが陳列されていた。開店のために資金を使い果たし、医薬品の購入費がなくなっていたからだった。

では、どのような方法で資金不足を補ったのだろうか。

「医薬品をたくさん陳列するだけの資金が不足していたので、まず現金で1箱を安く購入して、問屋から空き箱を借りて陳列しました」

購入したお客様には、「後でお届けいたします」と宅配サービスをし、売れたお金を持って問屋で再び医薬品を仕入れて、店頭に陳列する日々が続いた。

現金仕入れ、相談、値引きして販売し、宅配することとは、資金力が不足していた夫婦がとった苦肉の策だったが、来店客から支持されて、売上げは飛躍的に伸びていった。

そして、度重なるアメリカ視察で得たノウハウを駆使してスーパーマーケット、ドラッグストア、アウトドア専門店を運営する一方、高齢社会の到来を踏まえて、在宅医療としてＨＩＴ（家庭における輸液療法）に取り組み、介護用品専門店、介護支援センターを設置するとともに、デイケアサービスセンターも開設した。

「物販が先行したドラッグストア経営は、やがて行きづまるでしょう。これからは、物販にカウンセリングを付加させることです。ドラッグストアも物販中心からカウンセリングサービスを提供する店へと脱皮しなければならない」

齋藤さんの危機感は、今まさに現実のものとなろうとしている。

マツモトキヨシ創業者の松本清さん
マツキヨココカラ＆カンパニー代表取締役会長の松本南海雄さん

■松戸市長時代に市民の相談に即対応する「すぐやる課」を創設

１９３２年、千葉県松戸市小金井に小さな薬店が産声を上げた。

創業当時の店名は松本薬舗。

愛情あふれる創業精神を基本として〝親切なお店〟〝良い品をより安く〟をモットー

に、常に地域住民の満足を追求してきた創業者の松本清さんは、やがて店名を、地域住民に知ってもらうために、自身の呼び名をカタカナにして「マツモトキヨシ」として、地盤を強固なものにしていった。

一人ひとりの来店客を大切にして親身に相談にのる松本清さんは、優れた経営者であり、アイデアマンでもあった。

例えばその一つに、集客戦略にサルの起用がある。可愛いサル見たさに子供はもちろん多くの人々が集まったという。チビ象、カエル、ウサギ、ワシといった製薬メーカーのキャラクターも人気だったが、生きたサルは画期的な販促策だったに違いない。

そして松本清さんが残された社会的な功績といえば、松戸市長として活躍されていた時代の1969年10月、U字溝の破損補修、側溝の詰まり解消、道路上の動物の死体処理など、地域住民の様々な問題に即対応する「すぐやる課」を創設させたことだ。

以来、松戸市の名は全国に知れ渡り、「すぐやる課」の課長を取り上げた書籍も出版社から発行されている。

■ドラッグストア元年は上野のアメ横店。「ドラッグストアって楽しい」を実現

マツキヨが大きく飛躍したのは、１９８７年7月、都内台東区上野の通称アメ横への出店である。

都市型ドラッグストアの先駆けとして、マツキヨにとっては、この出店がまさに、〝ドラッグストア元年〟になった。

「アメ横のど真ん中の地にあったビルを借り受けてドラッグストアを開店したいと思っていたところ、貸主との話し合いでは、『すべて借りて欲しい』ということでした。問題は来店客を１階から上の階へ、どのようにして誘導するかでした」

と当時を振り返り語る松本南海雄会長。

かつて医薬品小売業界の店舗は１階部分を使用したケースが大半で、どうしたら２階へ来店客を誘導するかが難しかったが、マツキヨは、あえてこの課題に挑んだのだ。

松本会長が考案したことは、２階にお客様を誘導するために、階段を利用することだった。

女性客を上の階に誘導するためにどのような仕掛けを考えたのか。

それは、階段の両脇に手にとってみたくなる商品を見ながら登ると、そこには美と健康の創造商品とカウンセリングに長けたスタッフが待機している。そんなストーリーである。

この戦略は見事に当たり、女性客は何の抵抗もなく上の階に誘導される。その光景が急増するようになった。

さらに、ドラッグストア・マツモトキヨシが一躍全国区になったのが、1996年4月からスタートしたテレビCMである。

とくに、山口もえさんを起用したCMは大反響を呼んだ。「ドラッグストアって楽しい」という名セリフが飛び出したのは、こんな時だった。もえさんが笑顔で店内をスキップして回るシーンを見て、「ドラッグストアって楽しい、何でも相談にのってくれそう」と、店頭は多くの人々で賑わうようになった。

3. 新しい業態づくりに奔走したＶＣグループ

■1970年4月に年商1億円以上の大型店が大同団結し旗揚げしたＡＪＤ

新しいことにチャレンジするには、〝百聞は一見にしかず〟である。机上論だけで生きた学問は得られない。経営者が自分の目で見て、聞いて、そしてスタッフに適切な指示を与える。この基本なくして企業の発展は成り立たない。成功した経営者の共通点は、まず自らが率先して取り組む行動派であることだ。

最新情報を耳にしたら、すぐに行動し、チャレンジする。そのような開拓魂が要求されるのである。東部から西部へ、アメリカの開拓者たちは、幾多の障害を乗り越えて、次々と未開の地を開拓。アメリカンドリームを実現させたように、日本の医薬品小売業の経営者たちも、ドラッグストアという新しい業態づくりに果敢にチャレンジし、成功していった。

創成期の経営者たちは、いずれも最初は小さな店舗の店主だった。しかし常に夢とロマンを持ち、新しいことに挑戦する気持ちは誰にも負けなかった。

彼らは何度もアメリカ視察を繰り返し、今日のドラッグストアの礎を築いていったのだ。

1970年代は、大型店によるVC（ボランタリーチェーン）時代の幕開けだった。なかでも、わが国に新しいドラッグストアづくりに大きく貢献したグループがある。猛烈な激戦下の医薬品小売業界にあって、地域でシェア争いを繰り広げていた年商1億円以上の大型店が大同団結したVCグループのAJD（オール・ジャパン・ドラッグ）だ。

当時、尼崎に本社を構えていたマルゼン創業者（当時）の石橋幸路さんをリーダーとして、千葉薬品創業者の齋藤茂昭さん、サンキュードラッグ創業者の平野清治さん、スギヤマ薬品創業者の杉山貞男さんら53社（総年商520億円：560店舗）によって誕生した。今日では、会員の総年商1兆8000億円を超えるビッグ組織に成長している。

■共同販売機構としてヘルスケア関連商品と情報を提供

ＡＪＤが躍進した背景には、商品の共同仕入れを軸としたグループとは異なる共同販売機構として、地域住民の快適生活をサポートするヘルスケア関連商品を開発し、情報を添えて提供したことがある。しかも、店頭で成功した販売ノウハウを会員に伝授した。翌年の１９７１年からは、他店にない海外商品を導入するＡＪＤ開発を設立し、様々な利益商品が会員企業に提供されていった。

１９７２年には、モデル店として日本初のスーパードラッグ（ドラッグストアとスーパーマーケットとのコンビネーション）が千葉市作草部にお目見えした。千葉県を拠点とする千葉薬品のスーパーマーケット・ヤックスとＡＪＤとの共同運営によるもので、グループ企業の人財養成、利益商品の開発など、スーパードラッグを通じて、様々なノウハウが会員に公開された。

改めてＡＪＤが辿ってきた軌跡を紐解くと、そこは激しい戦場であり、交流の場であり、学ぶ場であり、そして時には友と語り合う場であった。まさに走馬灯のごとく、様々な光景が瞼に蘇ってくる。わが国にドラッグストアという新しい業態を創設し、今や医薬品小売業有数の協業グループとして成長したＡＪＤ。〝先見の明〟をもった創業者たちが自らの目で見て体験し成長に導いてきたノウハウは、次世代経営者たちによって受け継がれ、新たに創世1世紀に向けた航海が始まっている。

今日に至るまで紆余曲折を辿ってきた同グループが成長してきた要因には、長年にわたって築いてきた地域住民からの〝信頼と支持〟がある。そして、必要な商品を、必要な時に、必要な地域住民に提供する売り場とカウンセリング力を武器として、地域住民の健康創造に貢献してきたことである。

■これからは今まで以上にローカルの時代になる

物事を始めるには、頭のなかで考えるのでなく、まずは実行することだ。多くの経営者たちを育ててきた松下幸之助さんは、常に「行動力」の重要性を説いてきた。事業の失敗も成功も、最初は誰にもわからない。だが自らが実践して得たことは、次の行動に移る際には、大切な得難い財産となる。

ＡＪＤの強みは、各地に存在するローカルのドラッグチェーンが、カウンセリング力を強化し、その店のオリジナリティを生かし、地域の人々に寄り添っていることに加えて、本部から差別化商品を提供され、自店で成果を上げた販売ノウハウを惜しげもなく会員企業に伝授し、〝ブルーオーシャン〟へ航海していったことにある。

全国各地のローカルチェーンが協業するＡＪＤには、過疎化が続く地域ならではの商品選びと売り方に長けた会員企業も存在する。調剤に特化した店舗、漢方、食品、介護用品等々、どの地域にも当てはまることではないが、平野健二本部長は、例えば小商圏における店舗展開は、「店舗数を増やすことではなく店舗面積を拡大することだ」と指摘する。

地域に密着し一人ひとりの〝個客〟に対するきめ細かいサービスで、地域住民の健康創造のサポート役として活躍するドラッグストアの方向は、「ローカルの時代」に向かっていることは間違いない。

第2章

JACDS設立に命をかけて奔走した宗像守 初代事務総長物語

1. ドラッグストア業界が辿った産業化への道

■ドラッグストアの隆盛は一人の人物なくしては語れない

国民の健康創造を担うヘルスケア・ステーションへの道を辿ってきたドラッグストア業界。

ではどのような経緯で誕生したのだろうか。

「今、そんな昔のことを聞いても参考にならない」という声も聞こえてきそうだが、『温故知新』という、とてつもなく深い意味のある言葉を思い出してほしい。

「故きをたずねて新しきを知る」ことに、ドラッグストアづくりに奔走し、何度もアメリカ視察を繰り返し学んだ知恵と実践に基づいたノウハウが凝縮されているからだ。

ドラッグストアという業態がない時代に、早くからヘルスケアを中心とした健康産業時代の到来を見据えて、国民の快適生活に役立つ物（商品）にソフト（情報・接客）

講演する宗像さん

を添えて提供してきた創業者のフィロソフィー、そして長い間に培われた経営ノウハウは、急速に進むＤＸ時代となっても決してすたることはない。

むしろ、コロナ禍のなか、ドラッグストア業界が取り組むべきテーマは、物販に人財力とカウンセリング力を付加させるということだ。

さて、ドラッグストア業界の今日の隆盛は、一人の人物なくしては語ることはできない。２０１８年に惜しまれながら亡くなられたＪＡＣＤＳ初代事務総長の宗像守さんである。

ひたすら小売業の発展を願い、多くの人たちとの出会いを大切にし、ともにチャレンジしてきた職場のスタッフ、そして家族を愛してきた宗像さん。自らのことはあまり語らなかったが、「国民の誰もが健康で幸せな生活を実現するためにドラッグストアは存在する」と生前よく語っておられた。

２０１８年6月26日午前7時45分、宗像さんは誕生日の２日前に、62歳の生涯に幕を閉じた。

「ドラッグストアに永住権と本籍地を与えた」として、宗像さんの偉業を讃えるマスコミもあった。

逝去からすでに5年近くが経ったが、宗像さんの業績は数多く、ドラッグストアが成長するほどに、改めて宗像さんの逝去を惜しむ人々は後を絶たない。

人は、自分の目に見えなくても無数の糸で結ばれている。一度もお会いしていなくても、以前から繋がりがあるかに思えるようなこともある。やがて時が経つと、見えない糸によって互いが引き寄せられ、人脈が形成されていく。

宗像さんは、アイデアマンで人脈形成の名人だった。そして出会った多くの人が、強力な磁石に引き寄せられるかのように〝宗像イズム〟に魅せられていった。

■身を粉にして働いていた両親の後ろ姿を見て育った

1955年6月28日、宗像さんは福島県郡山市で5人兄弟の末っ子として産声を上げた。

実家は個店の布団屋で、現在は長兄の宗像信一さんが受け継いでいるが、宗像さんは幼い頃から両親が身を粉にして働く姿を見て育ったという。

社会人となり、経営者となり、コンサルティング事業にも取り組み、日々の業務はご両親と同様に、それこそ夜を徹して、ドラッグストアの産業化とJACDS設立に奔走した。

その努力は、決して自分のためではなく、ドラッグストア業界の発展のためであり、ともに働く人たちの幸せを願っていた。そして、ドラッグストアの原点は個店にあることも、ご両親の布団屋を通じて学んでいたのかもしれない。

とにかく物事を始める際には前進、前進、また前進。迅速に対応する宗像さんの行動力から学ぶことは実に多くあった。

宗像さんは、1978年に専修大学経営学部経営学科に入学。卒業後はコンサルタントを目指したが、「それには、まず現場である小売最前線を学ぶべきだ」と大学のゼミの先輩、坪井順一さん（後に文教大学教授）からのアドバイスで、ディスカウントストアのダイクマ（2016年6月にヤマダ電機に吸収合併、現ヤマダホールディングス）に入社した。

以来、宗像さんの現場第一主義が生涯続くことになる。

多くの人たちと出会い、実践を学んだ宗像さんは、1985年、日本リテイル研究所（NRK）の前身、日本リテイル企画を設立。主に小売業のコンサルティング事業を手がけるかたわら、国内のみならずアメリカやヨーロッパの流通視察にも力を注いできた。

■「健康問題を解決するドラッグストアの産業化が早急に必要だ」

日本リテイル企画が発足してから9年後には、日本リテイル研究所（NRK）に改称するとともに会員制の「パワービジネスクラブ」を主宰。

ホームセンターやスーパーマーケット、ＧＭＳ、後にはドラッグストア業界のコンサルティング活動にも宗像さんは取り組んだ。

ＮＲＫ設立10年が経過した１９９５年、それまでの歴史を大きく変えて飛躍するチャンスになったのが、全国のドラッグストア企業とメーカー、卸、ストアサポート企業が一堂に会し学ぶＤＭＳ研究会の結成だった。ちなみにＤＭＳ研究会の名称は、ＤＲＵＧＳＴＯＲＥ ＭＥＲＣＨＡＮＤＩＳＩＮＧ ＳＴＵＤＹの頭文字をとったものである。

同研究会30年（１９８５年〜２０１５年）の記録を綴ったＮＲＫの記念誌に、宗像さんはドラッグストアの産業化について、次のように語っている。

「この30年間、流通業界はもとより国内外の情勢は激しく揺れ動いてきたなかで、当研究所は設立以来一貫して、生活者主権流通の実現に向けて努力してきた。現在、あらゆる産業が健康問題に取り組み始めている。今後は、これらが結集して、より効率的に、より効果的に実効性ある対応を図っていく必要がある。もはや国民皆保険制度で対応できる時代ではなく、早急に健康問題を解決するドラッグストアの産業化が必要だ」

宗像さんは、医薬品小売業、なかでもドラッグストアの産業化と隆盛を願い、ドラッグストア協会づくりに全精力を注いでこられ、その行動力に熱い視線を注ぐ創業者たちが徐々に増えていった。

■JACDS、会社と社員、家族のため、そして自身のことは最後に・・

「宗像さんは、これと思ったことにまっしぐらに突進する気骨の持ち主だった。それこそ人のために夜を徹して働かれていた。コンサルタントとしても優れていたし、アイデアマンだった。宗像さんとの思い出は数えきれない。入院先の病院にお見舞いに行った際に、ともに養生し業界のために尽くそうと話し合ったのが最後でした」

ＪＡＣＤＳ創設後、発展に尽力された根津孝一さん（ぱぱす現代表取締役会長）は、交流時代を振り返り話していた。

「宗像さんが存命中のことを思い起こせば、世のため人のためＪＡＣＤＳのため、会社のため、社員のため、家族のため、そして自らのことは、いつも後回し、最後でしたね。登録販売者制度を発足させ、医薬品の三分類、インターネット販売ルールの調整、調剤のポイント問題を解決し、国民の〝未病と予防〟に不可欠な健康食品の普及・啓蒙と機能性表示食品制度の推進、検体測定等々、多くのことを成し遂げてきました」（根津さん）。

根津さんと宗像さんとの出会いは、当時、ドラッグストアバイゴー代表取締役社長の明神正雄さんをトップとしたＤＭＳ研究会だったという。

「研究会でドラッグストアの将来像を聞くだけでなく、実際に毎月、海外を視察していました。とにかく面白かったです。たくさんの経営者が集まっていたなかに、宗像さんがおられた。そのうち研究会のなかで、ドラッグストア業界を一本化しようということになったのですね。そこに私も参加して協力し、じゃあ松本南海雄さんをトップにしなければ始まらない、というのが事の発端でした。だけど南海雄さんを会長に持ってくるのが、すごく大変でしたね」

2．ＪＡＣＤＳ誕生秘話
――数々の試練を乗り越えてきた宗像さんを支えた人々

ＪＡＣＤＳが設立されてから23年目。世界に類のないスピードで到来した高齢社会にあって、国民のための健康寿命延伸の武器となるヘルスケア産業振興に取り組み、今日の隆盛を導いてきたＪＡＣＤＳは、どのような経緯で誕生したのだろうか。

１９９９年6月、ＪＡＣＤＳはドラッグストアの産業化を目指して設立された。その背景には宗像さんを駆り立てた〝先見の明〟を持つ人物がいた。今日のＪＡＣＤＳの基礎を築き、ＤＭＳ研究会の代表幹事として、宗像さんとともにドラッグストアの協会づくりのために奔走された、当時ドラッグストアバイゴー社長として活躍されていた明神正雄さんである。そして、ドラッグストアが歩むべき道を示したＤＭＳ研究会の発足へとつながるのである。

数々の苦難を乗り越えて設立された背景には、初代事務総長の宗像さんと明神さん

設立総会で挨拶する初代会長の松本南海雄さん

の存在があったが、実は明神さんこそが、ドラッグストアの産業化を目指し、業界の大同団結を実現させた裏側の立役者なのである。

「ドラッグストア業界の今日を振り返って決して忘れられないことは、DMS研究会の活動、JACDSの立ち上げに奔走された宗像先生には、常にNRKのスタッフがそばにいて、昼夜をいとわずに献身的にサポートされていたということです。NRKのスタッフがいたからこそ、宗像先生は安心して行動できたのです」（明神さん）

JACDS旗揚げに果たした、宗像さんと明神さんの功績は大きい。

ＤＭＳ研初代幹事長、バイゴー創業者の明神正雄さん

「人には、それぞれ役割があります。宗像先生と私の思いを、当時、マツモトキヨシの副社長だった松本南海雄氏に受けていただき、ＪＡＣＤＳ初代会長として協会を立ち上げることができました。宗像先生と私は、ひたすら黒子に徹したことで、結果として大成功に結び付いたのだと思っています」

ドラッグストアの産業化には業界の窓口となる協会づくりが不可欠として、明神さんは、１９９５年9月21日、業態を超え交流を目指すドラッグ＆ノンフーズ商品開発研究会の名称で始まったＤＭＳ研究会を発足させた（写真参照）。集まったのは全国の有力小売業、メーカー、ベンダー、ストアサポート企業など１５０社。同年10月1日に発行されたＤＭＳニュース（ドラッグ＆ノンフーズ商品開発研究会発行）第1号会報によれば、代表幹事の明神さんは発会式の席上で、次のように述べている。

「ドラッグストアのここ2、3年の急成長は目覚ましいものがある。年率30％以上の売上げの伸びを示している企業も数多く存在しているが、それが真に地に足のついた

発会式で講演する明神正雄さん

成長小売業であるかは疑問視される部分もある。規制が緩和されれば、さらに多くの業態が業界に参入すると思われる。そこで近い将来やってくる真の競争を勝ち抜くために、ドラッグストアを大きな産業にすべく発足させた。これからのドラッグストアは、事業と医療の2足のわらじを履き、日本の生活者に貢献できるような産業にしていく必要がある」

現状の医薬品小売業の実態が、1店舗当たりの面積も年商もまだまだ小さく、産業化するのが難しい状況にあることを踏まえ、「研究会を通して小売業の垣根を超え、抱えている難問、課題を考えていきたい」と会員企業に呼びかけた。

■産業化を呼びかける明神さんと銀座のとある酒場で出会った宗像さん

1999年3月20日付けのDMS会報（DMSニュース）の巻頭言に、「日本チェーンドラッグストア協会発足へ」と題し、日本リテイル研究所の代表でDMS研究会の代表顧問だった宗像さんは、「現在、わが国初のドラッグストア団体である日本チェーンドラッグストア協会の発足に向けて準備を急いでおります」と前置きして、こう記している。

「思い起こせば今から5年前（1994年）。銀座のとある酒場で、私に切々とわが国のドラッグストアの産業化と協会の必要性を唱え、その私利私欲のない訴えに心を打たれ、私もコンサルタント生命をかけて、これまで活動してきた次第です。このドラッグストアの産業化及び協会の必要性を訴えた人が、誰あろう、DMS代表の明神正雄氏なのです。このDMSは、『良い店とはお客様のためになる店』をかけ声に、まぼろしの業態といわれたドラッグストアを、わが国の社会にとって、なくてはならない業態にしようと研究活動を進めてきたわけです」

宗像さんとは、DMS研究会発足10周年を目前に控えた2004年2月発行のDM

S会報で始まった『明神正雄会長の私見・意見・提言』シリーズで、聞き手として7回に及び話し合っている。改正薬事法とドラッグストアの変貌、強い店づくりも時代とともに変化すること、競争時代に打ち勝つために必要なのは接客力と人間力であること、SMやCVSのヘルスケア分野への参入、小売側でつくるロングセラー商品育成の必要性等々。その内容が、今日のドラッグストア経営へのヒントとなっていることは間違いない。

■マツキヨの松本南海雄さんをJACDS初代会長就任へ説得

ドラッグストアの産業化を目指すために不可欠だったJACDSを設立し、今日のドラッグストア業界の躍進へ障壁となっていた問題に真正面から立ち向かった宗像さんと明神さん。さらに忘れてはならない人物は、初代会長を引き受けられた当時、マツモトキヨシの取締役副社長だった松本南海雄さんである。

「協会をつくるまでに大変な苦労と努力がありました。小異を捨て大同に立つよう、協会設立に向けていろいろな方たちに声をかけて一定の人数は集まりましたが、肝心なことは会長をどうするかでした。マツモトキヨシの現場を直接、指揮されていた松本南海雄氏が、協会をつくるうえでも前提だったのです」（明神さん）
宗像さんと明神さんは、約半年間、根回しに根回しを重ねて、あと2～3週間後には発会式を迎えるまでになったものの、「松本氏から会長になるとの同意は得られませんでした」。その後も、明神さんは、宗像さんとともに必死に会長就任を説得した。しかしOKをもらえず、困り果てていた。
松本さんの会長就任が急展開したのは、宗像さんと明神さんが、30数名の関係者を連れてアメリカの最新流通事情視察に出発する当日だった。
「宗像先生と私、明神が搭乗券を持ち、出発する寸前でしたが、小田薬局の小田兵馬社長から電話があり、『松本さんが、明後日なら、もう一度時間が取れる』とのことでした。そこで宗像先生だけが日本に残って松本氏と話し合い、会長に就任することを承認していただくことができたのです。もし、あの時にアメリカに出発していたら、今日の日本チェーンドラッグストア協会はありませんでした」（明神さん）

JACDS初代会長の松本南海雄さん

■会長就任を固辞した本当の理由

「宗像さんと明神さんからは、お会いするたびにJACDSの会長就任を依頼され、電話も何度もいただきました。ですが、私には会長を引き受けられない理由があって、断り続けていました」と話す初代会長の松本南海雄さん。なぜ、これほどまでに会長就任を固辞されたのだろうか。

「私よりも、組織の長としてふさわしい経営者の方々が何人もおられました。それに当時、私はマツモトキヨシの副社長であり、兄が社長でしたから、兄を差し置いて私が…との思いもありましたし、兄は当時、衆議院議員でしたので、私としては協会づくりにそのような環境を持ち込みたくないと考えていました」

JACDSが1999年6月に誕生してから23年目の今、ポツリポツリと話し始めた松本さんは、さらに「そのころ当社が全国ネットでテレビCMを流し、ドラッグストアという業態の存在が全国に知れ渡り始めたこともあって、私に白羽の矢が向けられたのだと思います。そんなことから日本ドラッグ社長だった小田さんからも説得され、宗像さんと明神さんの熱心なお薦めもあって、就任はしないという強い意志は、徐々に崩れ、根負けして、業界発展のために会長就任を受けさせていただきました」と話す。

■会長を引き受ける交換条件に協会の5原則づくりを要請

「会長就任を引き受けさせていただきましたが、会長職に就くにあたって、店頭では日々競争している企業であっても、協力し合い国民のための良いドラッグストアづくりを目指すことができるよう、協会活動の5原則を宗像さんに考えていただき、作成しました。その真意は、すべてのドラッグストア経営者が協会を盛り上げて、社会にこの業態を認知させていかねばならなかったからです」

松本さんが発案し、宗像さんが作成に協力したこの5原則は、ＪＡＣＤＳ設立にあたり、発起人によって承認されたものだ。協会活動は、この原則にのっとり、社会・業界の発展に貢献するものとして次のように記されており、現在もドラッグストア経営者たちの〝バイブル〟的存在となっている。

（1）**民主的な組織と運営を貫くこと**：この協会の組織や運営には、協会の目的達成以外の理論や秩序を持ち込むことなく、さらには会員派閥や覇権争いの場と化すことなく、各会員の意見集約とその具現化の場として民主的な運営に努める。

（2）**議論の場であること**：この協会は、様々な案件や建議について多くの人々や関係者、有識者の意見を交換する場であること。

（3）**会員は協会の目的達成のために力を合わせること**：協会の民主的な手続きによって決定された事柄に関して会員はその実施に当たり絶大な協力を行うこと。

（4）**正義を貫くこと**：この協会の運営に係わる事柄は、得か損かで判断・意思決定するのではなく、社会的に正しいか否かで判断すべきである。この協会は常に正義を貫くこと。

（5）**志高き人々の集団たれ**：この協会は、より良い社会、より良い業界、より良い企業づくりに貢献したいと願う志高い人々の集団であれ。

小田薬局会長の小田兵馬さん

ＪＡＣＤＳ創設に奔走した人物は、宗像さんと明神さん、そして初代会長の松本南海雄さんの３人。

だが実は、松本初代会長誕生に貢献した、もう一人の人物が存在する。

小田薬局代表取締役（現会長）だった小田兵馬さんだ。

小田さんは、宗像さんを偲んで配布された冊子『追悼とありし日の記憶』のなかで、こんなエピソードを綴っている。

「会津を愛した福島の男との出逢いは、『今なら時間がつくれる』と成田空港出発ラウンジにいるとも知らず電話をかけたところから始まった。その場でアメリカ行きをキャンセルし、ＪＡＣＤＳ設立の思いを語りに戻ってきたＭｒ（宗像さん）と話し合い、その2か月後、ＪＡＣＤＳが誕生した。以来、会津藩士のように『ならぬものはならぬ』という会津藩校・日新館の教え通り、瞬時・熟慮を使い分け、ぶれることなくことにあたってきた。

そんな同志、ラテン語でａｌｔｅｒ ｅｇｏ（もう一人の自分）という親友を失った。肉親とは別の、どういう言葉にすればよいかわからない。そして抜け出すことのできない空気に取り巻かれている。

『民主的な組織と運営を貫くこと、議論の場であること、会員は協会の目的達成のために力を合わせること、正義を貫くこと、志高い集団たれ』――同志・宗像が掲げたＪＡＣＤＳの活動原則は、お題目でなく、ピンチの時、ここに戻れば道が見えた。しかし今は、それも聞かぬまま、まだ動くにも『その気』が湧いてこない。

こんな時、Ｍｒならどう考え、どうするんだろうか。そんなことばかり頭に浮かぶ。

時としてＭｒと私の意見が分かれた場合、深夜・明け方までも時間をつくり、幾度でも時間をかけた議論をした。どんな時でも、残された者はただ途方に暮れる」

宗像さんを全力で支えた日本リテイル研究所のスタッフたち

宗像さんは、実に多くの素晴らしい人々に支えられてきたが、なかでも辛苦をともにしてきたのが、ＮＲＫ（日本リテイル研究所）スタッフたちである。

今日のドラッグストア隆盛に力を注いできたスタッフは、宗像さんの人物像を次のように語っている。

「40年ほど前、ある会社へ宗像所長が入社した時が最初の出会いです。その後、ともに数字をつくる同僚であり、先輩後輩の関係、時には友人として、公私にわたって時間を共有して参りました。ＮＲＫで一緒に仕事をするようになったのは、アメリカ視察帰りの飛行機で、『ドラックストア業界を成長させていきたいので、ぜひ力を貸してほしい』と言われたのがきっかけです。その強い思いが私の入社の動機となりました。ドラッグストア成長の源は、自分の時間や家庭を犠牲にしながら、将来を見据え精力的に多くの製配販の方々と行動された結果だと思います。

一方で社員への想いは熱く、夢を語り合い、家庭を最優先する気遣いなどがある半面、仕事に厳しく曲がったことが大嫌いでした。成果（形）が見えた時には、喜びをともに分かち合う所長でした」（日本リテイル研究所取締役常任顧問　前代表取締役の椎名敏也さん）

「前職で一緒に仕事をしていた阿部年記さん（故人）の紹介でＮＲＫを知りました。入所前に当時、静岡県にあったウイズ（ドラッグストア）に行くことを命じられ、そのおりの北嶋永一部長の報告で、なんとかＮＲＫの一員になることができ、今に至っています。思い起こせば、私は宗像所長には人一倍、怒られていたのでは、と思っています。

それは、相手を慮っての行動ができなかったからですが、決して突き放すことなく叱り続けていただいたことを感謝しています。ですが、たった一度だけ、15周年記念式典が終わった後に、『自分の持ち場を動かず、部下を信頼し指示してよくやった』とほめられ、うれしかったことを、いまだに忘れられません。仕事には厳しく激しい

言動もありましたが、人を惹きつける何かを持った方でした」（日本リテイル研究所現代表取締役社長の本吉淳一さん）

「1995年9月、当時、医薬品専門紙の記者をしていた私は、『ドラッグストア・製配販で研究会設立』というニュースを聞きました。それが、ドラッグストアMD研究会（DMS）でした。ドラッグストア業界で初めて製配販が対等の立場で結成されたマーチャンダイジングの研究会です。

残念ながらDMSの発会式には参加できませんでしたが、その後、DMSの顧問をされていた故・宗像守を取材したのが、初めての出会いでした。当時、雨後の筍のように出店しては消えていたディスカウントストアについて、宗像は、この初めての取材で、『このままではドラッグストアは安売り店と同じ運命を辿る。経営と医療を早く両輪しなければならない』等々を力説。それがきっかけで2年後の1998年、私はNRKに入社し、翌1999年6月、JACDSが発足しました」（日本リテイル研究所執行役員 編集・企画部長の横田敏さん）

「宗像所長の日々のスケジュール調整を担当しておりましたが、多忙を極めていて調整はとても大変でした。どんな立場の方からの面会希望や原稿執筆・講演依頼でも、何とか都合をつけて引き受けるのが宗像流でしたから…。

ＪＡＣＤＳ活動を、様々な機会を捉えて紹介するために、外部の講演依頼などもいっさい断らず、そして多くの方と接し、自分の思いを知ってもらうだけでなく、相手の話に耳を傾け、時には対立する立場の方とも力を合わせ、日本の〝明るい未来〟と誰もが〝幸せになる〟ことを信じて、労を惜しまず戦ってこられました。

また仕事は厳しく教えていただきましたが、上下の区別なく心配りされる方で、人と楽しく過ごす時間をとても大切にされていました。皆でお腹を抱えて笑い転げたことも何度もあり、忘れられない思い出です」（日本リテイル研究所取締役 総務部長の渡辺好江さん）

「所長は仕事には厳しく、一定のレベルに達していない場合は夜を徹してでも納得するものに仕上げていました。そのため頑張っただけでは評価は低く、所長が望むレベルまでの仕事ができない場合は怒られました。日本が〝明るく元気になる〟ことを目指し、数多くの仕事をやり続けていたのだと思います。

一方で仲間の和を大事にし、自分が楽しむことより人を楽しませることに喜びを感じる人でした。会社で映画会やお花見などもしていただきましたが、忙しい中、オリジナルストーリーを考えた謎解きゲームや社員の顔写真がプリントされた団扇をつくった納涼会など、一味違った楽しい思い出もたくさんあります。とにかく、仕事でもプライベートでも全力の人でした」（日本リテイル研究所取締役 人材育成部長の篠原陽子さん）

「私は2002年2月、第2回JAPANドラッグストアショーが終わった頃に入社しました。当時は、JACDS認定アドバイザー事務局で宗像所長との接点は少なかったですが、2009年以降は、主宰をしていたDMSやドラッグストアショーなどで宗像所長との打合せや様々な会議に一緒に参加する機会も増えました。

宗像所長は、仕事に対してとても厳しく、妥協を許さないので、社内で業務の確認や打合せをする時は、それこそ毎回緊張の連続でした。ですが、２人での打合せ前に緊張していることに気づくと、冗談を言って場を和ませてから始めてくれる優しさも印象に残っています。厳しい半面、社員をよく見て、しっかりと背中を支えてくれていたと感じています」（日本リテイル研究所取締役 企画・業務部長の植栗雄太さん）

仕事には厳しかった宗像さんだが、苦労をともにしたスタッフは、仲間であり、同志であり、家族であったに違いない。

自分たちの役割は、決して利益のためではなく、国民の健康創造をサポートするドラッグストアの繁栄のため、そしてスタッフたちの幸せを願っていたからこそ、人一倍厳しかったのだと思う。

ＮＲＫの社員旅行の写真には、笑顔でスタッフと談笑する、とてもとてもほほえましいシーンが映っている。

仕事を愛し、スタッフも愛していた証左といえよう。

3．ＪＡＣＤＳ設立後、成長に全力を注いだ宗像さんを語る

ぱぱす会長の根津孝一さんが語る人物像

「ＪＡＣＤＳ誕生まで宗像さんを支援されたのは明神さんです。今日のＪＡＣＤＳ、2万店を超したドラッグストア業界の隆盛は、まさに彼ありきでしょうね」と語るのは、ぱぱす会長の根津孝一さん。

「ただ宗像さんを強力に支援されていた明神さんが、ある日を境に身を引かれたのは、とても残念でした。引き続き協会に残られて、ご協力いただければ間違いなくリーダーとして活躍されたことでしょうね」

協会設立までは、明神さんがＤＭＳ研究会をスタートさせ、宗像さんとのコンビで尽力され、ドラッグストアの産業化への道を歩んでいった。

「明神さんがおられなくなったので、ＪＡＣＤＳは一番身近にいた私が、小田さん

らの協力で、南海雄さんを中心として運営に協力させていただくことになりました。南海雄さんといえば、小田さんと〝名コンビ〟でしたから、初代事務総長の宗像さんを、うまくサポートしていったのですね」

■宗像さんと根津さんとのコンビで始まったドラッグストアショー

2001年を第1回目として開催されてきたドラッグストアショーは、米国の商品展示会の視察をヒントに企画され、新しい医薬品や化粧品、健康食品などを開発した多くのメーカーが出展し実現した。

「小田さんと宗像さんと私と3人で全米ドラッグストア協会に行き、協力体制をまとめてきましたが、その際にラスベガスの大きなコンベンションホールで開催された商品展示会も見学しました。ものすごい規模で、われわれの業界の経営に役立つヘルス関連の商品が数多く展示されていました。来場者は一般消費者ではなく、すべてドラッグストアやスーパーマーケットなどの関係者が出展企業と商談をしていたのです。

われわれは、これから日本のドラッグストア業界にも絶対に役立つと思い、帰国してから宗像さんが中心となって関係者と準備を始め、2001年2月、第1回ジャパンドラッグストアショーを、東京のビッグサイトで開催しました」（根津さん）

JACDSが誕生してまもなく始まったドラッグストアショーの初代実行委員長に就任したのが根津さんだった。

「ドラッグストアショーは、宗像さんと私のコンビで始めました。最初は利益を確保できるかどうか、わかりませんでしたが、何としてもドラッグストアを世に知らしめたい一心でしたね。マスコミを使ったり、タレントを呼んだりして、ショーらしい形をつくって、清水の舞台から飛び降りる気持ちでやりました。参加費を徴収すれば、多少は運営費の足しになるから、とか手さぐりでやったのが第1回目です。人集めも宗像、根津人脈で、文化放送に協力を得たりして、手づくりでやったことを覚えています。とにかく無我夢中だった」

■同じ時期に入院した宗像さんと根津さんはＬＩＮＥで互いの病状を報告しあう

宗像さんが病に侵され入院していた時、根津さんも別の病院に入院していたという。宗像さんが検査入院をした日に、「お互い、しつこく生きていきましょうね」とメールをくれました。当時、私は大腸がんを患っていて、聞けば、宗像さんもがんだったそうです。そこで、がん患者同士、ＬＩＮＥで自分の病状を報告しあっていました。

それから1か月後、こんな突然の逝き方があるでしょうか。宗像さんのことを聞いた時には、すぐにでも会いに行きたかったけれども叶わず、大変残念でした。

宗像さんは、社員の健康にはずいぶんと気遣っていましたが、こと自身のこととなると、健康状態を過信していたようです。宗像さんの20年間は濃密すぎたのかもしれません。できることなら仕事をスローダウンして、あと10年は生きてほしかった。

あえてお話しますが、思えば宗像さんの生き方は、自分のことは最後。まずは世のため、協会のため、会社のため、社員のため、家族のため。そして最後に自分でした。このような信条が、こんなにも早く逝ってしまった原因かと思うと、とても残念です。

医薬品登録販売者制度をつくり、医薬品の三分類（1類：薬剤師のみ販売、2類と

3類：薬剤師と医薬品登録販売者などが販売）をつくり、インターネット販売ルールの調整をし、ポイント問題を解決し、機能性表示食品制度の推進、検体測定、薬局二重申請問題など、宗像さんが遺された実績は数知れず。自分の体のことはそっちのけで毎日ハードスケジュールをこなし、徹夜仕事もし、人付き合いも良く、わずかに空いた時間も惜しみなく動き回っていました。その信条は、私たちの心のなかにしっかりと刻まれています。私たちは、そのＤＮＡを大切にして、少しずつでも近づけるように活動していきたい」

根津さんは、がんから生還され、「宗像さんの分も長生きしよう」と固く心に誓ったという。

ウエルシア会長の池野隆光さんが語る人物像

■ドラッグストアの将来を求めて語り明かした４人の経営者

ドラッグストアの将来を求めて、精力的に成長の障壁となる様々な問題を解決していった宗像さんには、強い味方がいた。

その一人が、現JACDS会長の池野隆光さん（ウエルシアホールディングス代表取締役会長）だ。

お二人の出会いには、こんないきさつがあった。

「私と宗像先生との出会いは、JACDSが設立された直後であったと記憶しています。福島県の小名浜で宗像先生を囲んで酒を飲みながら、ドラッグストアの方向性について話し合ったのが最初でした。同席されていたのが当時、アインファーマシーズの会長だった今川美明さんと、当社の前身のウエルシア関東の鈴木孝之会長、宗像先生と私の4人で、海を見ながら調剤も含めて議論し合い、結局、二日間ご一緒しました。

その時に出た話題は、一つは調剤の方向があるよね、でした。この時のメンバーで、互いに夢を語り合ったことは良き思い出です。物販と調剤両立派の鈴木会長、調剤専門派の今川さん、合併したばかりの私、そして宗像さんが加わった話し合いは、気が付いたら夜が明けていました」

多くのドラマがあったＪＡＣＤＳ設立直後に、４人の豪華メンバーが集結したことは歴史的なことだったたと思う。

■「もう辞めたい」──池野さんに胸の内を語った宗像さん

「ＪＡＣＤＳとのかかわりですが、当初、私は総会が開催された時に顔を出す程度でした。ある日、宗像先生とご一緒して列車に乗った際に、これまでのことを振り返られて胸の内を話されました。ドラッグストアの存在が国民に認められるために、今やらなければならない問題を解決するべく、日々活動されてきましたが、時に反発の意見が出たことに頭を抱えておられましたね。

ひたすらご自分のことやご家族のことは後回しに、ドラッグストアの隆盛を願い、夜を徹してきたことに対して、なかなか理解を得られないことを話され、『心をともにして国民のためのドラッグストアづくりに取り組み、今やらなければならないことがあるのに、思ったように動いていただけない。いっそＪＡＣＤＳを辞めようと思っている』と話されことがありました。正直言いまして、これまで宗像さんご自身から直接、ドラッグストアに対する思いをお聞きする機会がなかったので、ドラッグストアのためだけでなく国民のためのドラッグストアづくりは、今やらなければならないという思いを受け止め、改めて私自身、その思い入れを共有しました。

ある日、『池野さん、次の会合でお会いしましょう』と私に話された時の宗像先生のお顔には、疲労困憊しておられるご様子が表れていました。お約束通りに会合に参加し宗像先生にお会いした際に、湯布院に伝わる藍染ネクタイを宗像先生にお渡ししました。『湯布院の藍染は、何百年も続いてきた技法を脈々と繋いできたから今日まで技法が残っています。ただし、繋いできた技法を、一度手離したら消えてしまうかもしれません。だから宗像先生がやってこられたことは、ドラッグストア、ひいては国民の健康創造には、とても大切なことですので、ここで手を離したらそれで終わりになってしまう。よかったら、ここはどうしても頑張らなければならないという時に、この藍染ネクタイ使ってください』とお願いしました。

『池野さん、このネクタイを締めて頑張るからね』と宗像先生の顔がパーッと明るくなったことは、今でも忘れられません」

お二人は、その日の夕刻、近くの居酒屋で盃を交わし、宗像さんの持論である、流通のなかのドラッグストアは、こうでありたいという理想論も含め、楽しいひと時をすごされたそうだ。

「後日談ですが、宗像先生は私の手を握りしめて『本当にうれしかった』と言ってくださいました。大勢の人たちの前に立って、ドラッグストアの将来に向けて、協力を呼びかけ、時には個人的な悩みに本気で取り組み、相談に乗っていただける、まさに人間そのものの方でした」（池野さん）

第3章

ドラッグストアが産業化されてから23年後の今

1．ドラッグストアの実像

■2021年度の総年商8兆5400億円、10兆円産業化へ当確

わが国にドラッグストアという名称が定着したのは、経済産業省の商業統計調査に盛り込まれてからだ。そして1999年6月に誕生したＪＡＣＤＳ（日本チェーンドラッグストア協会）は、国民の健康創造への道をひたすら走り続けてきた。

産業化22年後の2021年度におけるドラッグストア市場は、ＪＡＣＤＳの経営実態調査によれば、総年商が前年度比6％増の8兆5400億円に達しており、2000年度の2兆6603億円から22年間で3・2倍に拡大している（図参照）。

その要因は、相次ぐ企業の合併・統合により企業数は減少しているものの、店舗数が22年間に9925増えて21725店になったからであり、生活者の健康創造をサポートする多くのヘルスケア関連商品を導入し、ヘルスケア・ステーションとしての経営方針を明確にして成長を続けてきたからに他ならない。

ドラッグストア市場推移

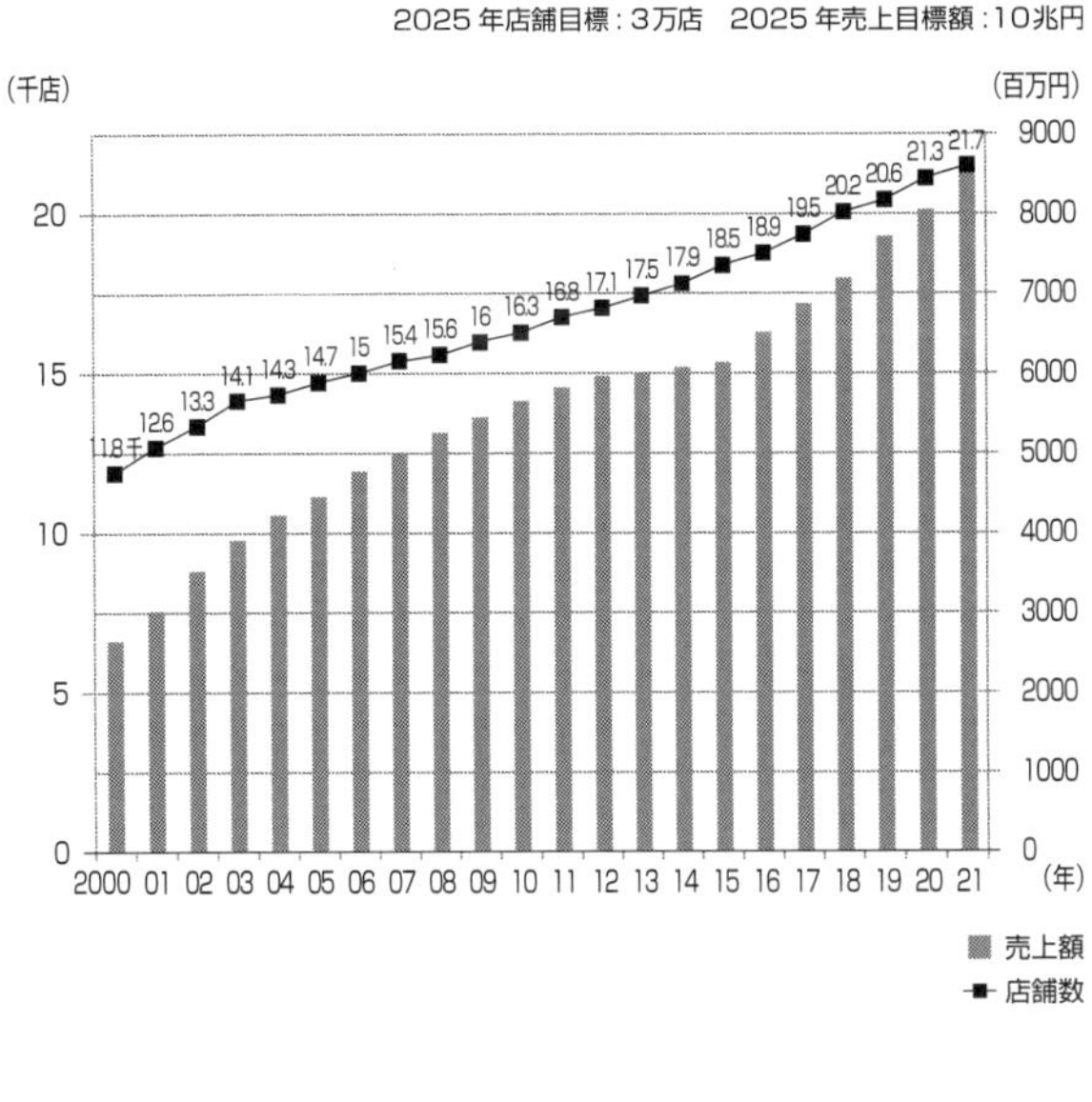

近年では、新規店舗の調剤併設型も増やし、処方箋売上高（調剤報酬額）は1兆2000億円を超すなど、経営貢献度は目覚ましい。JACDSが目指す「2025年度に10兆円産業化」は、いよいよ目前に迫ってきた、

ドラッグストアの経営実態調査が2000年に開始された当初の3年間の成長率は、2桁（2001年度：13・3％→2002年度：15・8％→2003年度：11・1％）だった。

しかしその後、ドラッグストアの成長率は2004年の8・3％から徐々にブレーキがかかり、2005年度から2008年度まではアップダウンを繰り返し、2009年度（5・5％）から2014年度までは成長率は下がった。

2015年になってからは微増、2016年度にようやく5・9％と回復し、2017年度も5・5％アップし、直近の5年間（2017年度～2021年度）における平均成長率は5％台になった。

そこで、この平均成長率をもとに、当面の目標として掲げる2025年度までの市場を推定したところ、次のように2025年度の10兆円産業化は当確となった。

◇2022年度：8兆5408億円×1・05％…8兆9678億円
◇2023年度：8兆9678億円×1・05％…9兆4162億円
◇2024年度：9兆4162億円×1・05％…9兆8870億円
◇2025年度：9兆8870億円×1・05％…10兆3814億円

■ドラッグストア市場の68％を占有する売上げランキング上位10社

ドラッグストアの売上げランキングのトップには、3年連続でウエルシアHDがランクされ、総年商はドラッグストア業界で初めて1兆円を突破した。

2位にツルハ、3位がコスモス薬品、2021年10月に統合したマツモトキヨシとココカラファイン連合のマツキヨココカラ&カンパニーが4位にランクされるなど、上位10社の総年商は5兆7726億円、市場の68％を占有している。

ドラッグストア業界の最近3年間（2019年度～2021年度）におけるランキング上位10社の総年商と成長率の年度別推移は次の通り。

◇２０１９年度：５兆４３７９億円（前年比８・２％増）
◇２０２０年度：５兆６８４８億円（前年比４・５％増）
◇２０２１年度：５兆７７２６億円（前年比１・５％増）

ドラッグストア市場における売上げ上位10社の２０２１年度売上げは以下の通り。

①ウエルシアＨＤ：１兆２５９億円（前年比８％増）
②ツルハＨＤ：９１５７億円（前年比０・４％減）
③コスモス薬品：７５５４億円（前年比４％増）
④マツキヨココカラ：７２９９億円（２０２１年10月統合）
⑤サンドラッグ：６４８７億円（前年比２・３％増）
⑥スギＨＤ：６２５４億円（前年比３・８％増）
⑦クリエイトＳＤ：３５０７億円（前年比３・６％増）
⑧クスリのアオキ：３２８３億円（前年比７・３％増）
⑨カワチ薬品：２７９５億円（前年比１・８％減）

⑩　薬王堂：１２０３億円（前年比８・８％増）

上位10社の年度別市場占有率は、２０１９年度：７・８％→２０２０年度：70・６％→２０２１年度：68・２％で、ほぼ７割が上位10社で占められている。最近３年間の平均成長率はドラッグストア業界全体が11・１％アップなのに対し、上位10社は平均４・７％増であるが、市場占有率が７割あるので、業界の〝牽引役〟を果たしていることに変わりはない。

ドラッグストア各社は、高齢者人口の増大に伴い商圏が狭小化しつつあることから、園芸用品やペット、介護用品などのシルバー世代に向けて戦略を強化している。同時に国民のヘルスケア・ニーズに対応した〝未病・予防〟関連商品を取り揃えるとともに、１か所で買い物ができるワンストア・ショッピング機能を充実させ、より経営基盤拡大に向けて競合各社を吸収合併し店舗を増やすなど、寡占化状態がさらに進むことは間違いない。

だからこそドラッグストア経営には差別化が重要なのだ。

2. 進化するドラッグストア四つの事例

ドラッグストア業界には、とてつもない競合の波が押し寄せている。

かつては、他店との競争に打ち勝つための武器は、1円でも安く仕入れて1円でも安く売ることで、利益率は低くても客数で勝負できた。

しかし、単なるモノを消費していただけの消費者は、今や健康で快適生活のための商品とカウンセリングを望む生活者となり、社会貢献にも力を注ぐドラッグストアに目を向けるようになった。

そこで売上げや利益の追求だけでなく、社会貢献に力を注ぎ、「また来店したくなる特徴ある店づくり」で注目される事例を紹介しよう。

ケース・スタディ① ウエルシア

■月刊誌『PHP』に池野隆光さんが綴った『世の中を良くする会社でありたい』

幅広い年代の人々に読まれている月刊誌『PHP』の2022年11月号（発行元：PHP研究所）に、ウエルシアホールディングス代表取締役会長の池野隆光さんが綴った『私の信条 世の中を良くする会社でありたい』が掲載されている。

『PHP』は、〝経営の神様〟といわれた松下電器産業（現パナソニック）創業者の松下幸之助さんが、〝人類のより良き未来のために〟という願いのもとに設立されたPHP研究所が発行する月刊誌である。PHPとは、同研究所の公式サイトによれば、Peace and Happiness through Prosperityの頭文字で、「物心両面の調和ある豊かさによって平和と幸福をもたらそう」という意味だそうだ。

「お互いが身も心も豊かになって、平和で幸福な生活を送る方策を、それぞれの知恵と体験を通して提案し考えあう場」として1947年に〝人生の応援誌〟として創刊されたのが『PHP』。

創刊75年になる長寿雑誌に池野さんが綴ったのは、オストメイト対応トイレの導入について、また苦しかった時代のこと。そして「お客様にとって、従業員にとっても、いい会社をつくりたい。ずっとそう思ってきました。それは今も変わりません。どうすればもっと良くできるか、これからも考えていきます」と締めくくっている。

医薬品小売業の経営者の文章が、『PHP』に紹介されたのは、私が知る限りでは初めてではないかと思う。画期的なことだ。

■オストメイト対応トイレとAEDを店舗に設置し、社会貢献も…

8兆5400億円を超したドラッグストア業界。なかでも注目されるのが、初の1兆円企業となったランキング1位のウエルシアHD（ホールディングス）の存在である。イオンと業務提携した2000年に193億円だった年商は、2021年度に1兆259億円、実に53倍という驚異的な売上げを誇る同社の動きは見逃せなくなった。SC、CVS、SM、HCなど他業界とのコラボレーション路線も積極的に強化するウエルシアが、売上げ規模もさることながら社会貢献活動にも力を注いでいることも見逃せない。その内容を見れば、ドラッグストア業界の頂点になるべくしてなったことは一目瞭然だ。

例えば、地方自治体と融合し、地域住民の趣味や研鑽ができるスペースを無料で貸出すウェルカフェの併設、直腸がんで人工肛門を造設した患者のためのオストメイト対応トイレを全店の7割に設置、心臓疾患による心停止状態の患者を救命するためのAED（自動体外式除細動器）を全店に配置していることだ。

いずれも導入するにはコストがかかるが、「地域住民のためのヘルスケアストアとしては当然のこと」として、池野隆光会長が店舗への配置を即断した。ドラッグストアが今日、成長し続ける背景には、こうした社会貢献にも力を注ぎ、店舗展開では、1か所で必要な商品（ハード）にカウンセリング（ソフト）に心を添え対応するスタッフが店頭に常駐する店づくりがある。ヘルスケア・ステーションとしてのドラッグストアが、国民から信頼されている証左である。

■乳がん患者に医療用ウイッグをプレゼント

「スギ薬局グループが、乳がん患者に医療用ウイッグをプレゼント」――こんなタイトルで、がん患者と家族のためのウエブサイト『週刊がん もっといい日』に紹介された。

乳がんの早期発見、早期診断、早期治療を啓発する「ピンクリボン運動」の一環として、これから乳がん治療を開始し脱毛が予想される抗がん剤治療を行う患者、現在、乳がん治療中で脱毛している患者のＱＯＬ（クオリティーオブライフ）向上へ、同グループが医療用ウイッグをプレゼントしたものだ。

医療用ウイッグプレゼントは、２０１３年から開始され、今回が９回目。スギ薬局グループによれば、これまでに約９００名の患者へウイッグが届けられたという。

スギ薬局グループでは、「あなたのいのちを、乳房を守りたい～をスローガンに、早期発見のための取組みとして店舗の調剤待合室に啓発ポスターの掲示、定期的なセルフチェックの情報をまとめたハンドブックも配布しています。今後もピンクリボン運動を積極的に展開してまいります」と話している。

■レディスクリニックに隣接し「がんケアコーナー」開設

これまでスギ薬局では、隣接する医療機関から発行される処方箋を持参する女性のためのがんケアコーナーを開設し、抗がん剤の副作用で脱毛した患者のために医療用ウイッグ、乳がんで乳房を切除した患者のための人工乳房、矯正下着などを陳列、さらに、がん患者のための個室の化粧室を併設するなどの活動を推進してきた。

ドラッグストアにおけるがんケアコーナー開設の存在は、まだ少ない。しかし、増え続けるがん患者のための相談窓口を設置すべきだ。

がん対策には、がんにかからないようにする一次予防、早期発見・早期治療の二次予防、そして転移・転移しないための三次予防があるが、街のヘルスケア・ステーションとしてのドラッグストアとなるために、がんケアコーナーの早急な開設を待ちたい。

■地域住民に様々な健康サービスを提供するトモズラボ

カウンセリング重視型ドラッグストアが都内に登場している。２０２２年10月、首都圏を中心に２３０店舗超のドラッグストアと保険薬局を運営するトモズが、目黒区内の池尻大橋店に開設した、地域住民へ様々な健康サービスを提供するトモズラボだ。

店内には、管理栄養士と健康管理を行える有料会員プログラム「トモズ健康くらぶ」、睡眠状態をデータ化・可視化する「ねむりの窓口」、がんに関する知識を学べる「みんなのがん学校」の開設で、今後もより多くのお客様の健康をサポートできるサービスを充実させていく。こうしたケースはドラッグストア業界では初の試み。

トモズは、保険薬局の開局・運営、医業経営コンサルティングなどを行うマイライフが取り組む「地域における患者の健康寿命延伸をサポートする薬局でありたい」とするコンセプトに共感し、マイライフが監修し提供する健康プログラムと同様のサービスを採用した。

池尻大橋店に開設されたトモズラボには、健康状態を把握できる各種測定機器を設置。活動量計を使った日々の健康状態の把握や健康目標に向けてアドバイスする。

■がんの基礎知識が学べて検診率向上に貢献する「みんなのがん学校」

2人に1人ががんにかかり、5人に1人ががんで亡くなる時代。近年では、企業間でがんの検診率向上を図るイベントやセミナーなどが頻繁に開催されるようになったが、2万店を超すドラッグストアが様々な相談を受けるケアコーナーを開設するケースは極めて少ない。いろいろな機会を捉えてコーナーの設置を呼びかけたが、いっこうに進まない。

なぜなのかよくわからないが、これからも、がんケアコーナー開設を呼びかけたいと思っている。どれだけ手を挙げてくださるだろうか？　明日は我が身、ぜひ開設し、がん検診率アップへ手を差し伸べてほしいと思う。

そうしたなか、トモズ、マイライフに加えてノバルティスファーマ3社による、がんについて学ぶ機会の提供やがん検診への関心向上をサポートする「みんなのがん学校」が、池尻大橋店（都内目黒区）トモズラボに併設された。クイズ形式でがんの基礎的な知識について学ぶことができるタッチパネル式機材を設置し、来店客が手軽に操作できる仕組み。

もともと「みんなのがん学校」は、２０２０年12月、広島県呉市のマイライフが運営するオールファーマシータウン内のオールカフェ×タニタカフェとオール薬局中通店内に初開設され、その後、２０２１年10月には、広島市、岡山県倉敷市に設置されたものである。

ちなみに２０２０年に開設されてから、「みんなのがん学校」は、およそ５４００人に利用され、ノバルティスファーマが実施した「みんなのがん学校」体験者へのアンケート（２０２１年10月～２０２２年９月）によれば、有効回答数２３００人のうち、「がん検診を受診したい」との回答者が、体験前の70％から体験後には86％と増え、がん検診受診意向の向上に寄与しているという。

今後、「みんなのがん学校」の普及・拡大に期待したい。

ケース・スタディ④　クスリのサンロード

■運動施設・SPA・ペット・健康食堂で地域住民の健康を支える

「私が目指したのは、地域住民のためのヘルスケア・ステーションになること」。山梨県甲府市を拠点に店舗展開する薬剤師経営者の夢は、自身が生まれ育った〝優しい癒し〟と〝エネルギー〟に満ちた地に健康施設をつくることだった。

1974年、地元に12坪の薬局を開設し、太陽のごとく住民の心と体を温めて、地域の人々に〝健康の道しるべ〟を示してきたのが、クスリのサンロード創業者の樋口俊英さんだ。

夢の実現に向けて歩み始めて48年後の今、ドラッグストア、調剤主力薬局、ヘルシーレストラン、天然温泉・ヘルシーSPA、ペットショップ、高齢者介護施設を運営するなど、地域住民のヘルスケア・ステーションとして活躍している。

「長い間のビジネスで、物を見る目、決断力、そして何事にも心、HEART TO HEARTで挑戦することの大切さを学びました。取引先の方々、苦労をともにした当社で働くスタッフ、とくにVCグループのAJDの仲間たちとの素晴らしい出会いが、今日まで私を支えてくれました。とても感謝しています」

県民の健康長寿を目指すことを合言葉に、物販も調剤も温泉施設もヘルシーレストランも運動施設も運営していることが、同社の大きなポイントであり一番の特徴だ。

「地元の人たちが健康で潤うことにより、当社もお客様が増え利益も潤っていくことが、ローカル企業にとって重要なキーワードになると思い実践してきた」（樋口さん）

■ヘルスビジネスにチャレンジしてきたから今がある

県民の健康長寿を目指すことを合言葉に、48年間にわたり地域住民に健康づくりをサポートしてきた樋口さんのアイデアは、随所に生かされている。

その一つに、県立病院前に開設した調剤専門薬局の待合室に高齢者の悩みを聞くために専門スタッフを起用したことが挙げられる。

「処方箋を持参する患者さんのなかに高齢者が増えてきましたから、待合室に専任のスタッフを待機させました。例えば、患者さんが処方箋を受付カウンターに持参すると、薬剤師がアドバイスします。薬剤師の説明を受け、薬を渡されてソファーに座った際に、スタッフが『薬剤師の説明は理解できましたか』と聞くと、『耳が遠いので、よく聞こえなかった』といった事例が少なくなかったのです」

処方箋調剤分野には多くのドラッグストアや調剤専門薬局が日夜しのぎを削っているが、ドラッグストア業界にも競合の波が押し寄せ、これからもすさまじい戦いが繰り広げられることは必至だ。

「だからこそ、ペット専門店、フィットネス施設併設のSPA、ヘルシーレストラン分野にも挑戦してきたのです。山梨県ナンバーワンドラッグストアとして、また地域活性化を目指すオンリーワン企業として、積極的にヘルスケアビジネスにチャレンジしてきたからこそ、今日のクスリのサンロードがあります」と樋口さんは語る。

「いつもサンロードに立ち寄っています。商品もたくさんあるし、いろいろと相談にものってくれるし、ペットショップがあって温泉もある。体に良いレストランもあって、いつも利用しているよ」。クスリのサンロード本社からタクシーに乗ったら、運転手が話していた。「地元の人たちから愛されているんだ」と思った。

第4章

国民が期待するドラッグストア像

1．健康寿命延伸時代の武器は〝未病と予防〟

■第二次医療法改正で盛り込まれた〝予防〟の二文字

医療法は、1948年に制定されてから74年が経過した現在（2022年度）までに、8度の改正が行われている。

その目的は、「医療を受ける患者の利益の保護と、良質・適切な医療の効率的な提供体制の確保を図ることによって国民の健康の保持に寄与すること」とされているが、なかでも1992年の第二次改正は、当時の日本医師会の坪井栄孝会長をして「画期的」と言わしめたほど、今日のドラッグストアや調剤薬局、中小の薬局にとっては重要なキーワードであった。

医療法の一部改正（平成4年7月1日：厚生省発健政第82号）の趣旨は次の通り。

「今回の改正は、人口の高齢化、医学医術の進歩、疾病構造や患者の受療行動の変化等に対応し、患者の心身の状況に応じた良質かつ適切な医療を効率的に提供する体制を確保するため、医療提供の理念を規定すること、医療提供施設をその機能に応じて体系化すること、医業等に関する広告規制を見直すこと等に関する規定の整備を行ったものであること」

さらに、要点の医療提供の理念には、以下の文章が盛り込まれている。

（1）医療は、生命の尊重と個人の尊厳の保持を旨とし、医師、歯科医師、薬剤師、看護婦その他の医療の担い手と医療を受ける者との信頼関係に基づき、医療を受ける者の心身の状況に応じて行われ、単に治療のみならず、疾病の予防のための措置及びリハビリテーションまでを含む良質かつ適切なものでなければならないこと。

この改正を契機として、医療の流れは治療から予防重視へと変革しつつあるなか、超高齢社会の到来と国民総医療費が毎年1兆円ずつ増え、加えて2000年からスタートした介護保険財政も徐々に膨れ上がり、医療制度そのものが逼迫してきたところから、思い切った施策が必要になっていた。

■安倍晋三政権が国民の健康増進へ放った〝アベノミクス3本の矢〟

こうした背景をもとに、安倍晋三政権は、2013年6月、日本再興戦略と健康寿命延伸産業育成政策を掲げ、いわゆる〝アベノミクス3本の矢〟を放っている。

1本目の矢は、健康寿命延伸産業の育成（グレーゾーン関連規制解消など）、2本目の矢が、予防・健康管理の増進に関する新たな仕組みづくり（薬局の地域健康情報拠点とセルフメディケーション推進）、3本目は、食の有する健康増進機能の活用（企業の責任で機能性表示、米国DSHEA法を参考に）だ。

つまり日本再興戦略と健康寿命延伸産業育成政策には、〝未病・予防〟の実践が不可欠なことから、非保険分野に自己管理による健康維持→予防→QOL・未病・未病改善への領域にはセルフケア・セルフマネジメント、一方、保険制度分野では、これまでの医療が取り組んできた治療・医療分野として自己治療→軽度医療→重度医療→救命医療があり、生命寿命延長の実績を踏まえて健康寿命延長が期待されてきた。

閣議決定された健康政策は、健康寿命延伸産業の育成とセルフメディケーションの推進、食の機能を活用した制度、ヘルスケア産業を担う民間事業者の創意工夫が発揮

当時の安倍首相と話し合う宗像さん

できる環境、スイッチOTCの拡大、医療・介護のインバウンド促進をもとに、看護師・薬剤師など医師以外の従事者の業務範囲の明確化（医薬品登録販売者の創設）、薬局などの店頭における自己採血による簡易検査の実施、ダイエタリーサプリメントの制度化（機能性表示食品規制緩和）、在宅介護食（スマイルケア食）、患者のための薬局ビジョン策定等々…。

安倍政権の政策に賛同し、ドラッグストアの将来を見据えたJACDS初代事務総長と、日本経済発展と国民の健康創造に力を注いだ安倍晋三元首相。二人は、今ごろどのような話に花を咲かせているだろうか。

2．国民の健康寿命延伸とヘルスケア産業育成の必要性

■高騰続ける国民総医療費は44兆円、介護費用11兆円

国民が２０２１年度に支払った総医療費は44兆２０００億円（前年度比４・６％増）に達し、介護保険制度でかかった介護費用（介護給付費と自己負担）総額11兆円を合計すると、実に55兆円を越えた。とくに介護費用の場合、過去最多を更新し、制度が始まった直後の約20年前、２００１年の費用総額４兆４０００億円と比べて約２・５倍に膨らんでいる。

介護サービスの利用者は過去最高の６３８万人（前年度比16万人増）で、このうち介護度の軽い要支援１・２の人が受ける介護予防サービスの利用者は１１１４万人、介護の度合いが高い人（要介護１～５）が受ける介護サービス利用者は５４７万人。そこで政府は、介護予防を重視した施策を推進するかたわら、国民のセルフケア意識の高揚を踏まえ、「健康寿命延伸」をテーマとしたヘルスケア産業の育成への動きを

急速に進めていった。

こうした動きは、国民の平均寿命が男性81歳・女性87歳（2021年度）に対して、介護が必要なく健康生活を送れる期間を示す健康寿命は男性72歳、女性75歳と、それぞれ9年間、12年間の乖離があり、この差を縮めるためにはヘルスケア＝予防の実践を継続していかなければならなくなったからだ。

■「エビデンスを確立しながら予防で貢献」——日本ヘルスケア協会設立と目的

「高齢者人口の増大に伴う医療費高騰にブレーキをかけるためにも、これからはエビデンスを重視した予防へのアプローチが重要になってきます。これを確立し、世の中に発信し、ヘルスケアを推進していく組織が当協会です」（日本ヘルスケア協会の今西信幸会長）

日本ヘルスケア協会（ＪＡＨＩ）は、２０１５年11月2日の設立以来、一般財団法人として活動し、今日では公益財団法人化し、わが国のヘルスケアビジネス市場形成へのリード役として、様々な部会を組織化して国民の健康創造ニーズに応えてきた。

「ヘルスケアとは予防であり、病気になってからお金をかけて治療するのではなく、病気にかからないように食事・栄養・運動・睡眠に配慮していくことと主張します」と今西信幸会長。

さらに医療費の高騰が続く現状を踏まえ、「一部の医師などの医療人は、予防に目を向け、しかも、できる限り公費を使わない方向で考えつつあります。当協会は、こうした考え方の医療人が増加していることをチャンスと捉え、エビデンスを確立しながら予防で貢献したいと思っています。今や医療の流れは治療から予防重視へと移行しつつあり、その武器は〝未病と予防〟なのです」と話している。

同協会誕生の背景には、超高齢社会下でヘルスケア推進を国策として、各省庁で様々な健康寿命延伸と産業育成の施策が不可欠なことがある。

その目的は、わが国の健康寿命延伸を推進して国民の幸福に寄与すること、経済活性に寄与し、世界進出するヘルスケア産業の育成の実現、医療費の高騰を抑制して、わが国の優れた医療制度を維持することによって、元気な日本をつくることにある。

3．健康創造時代の〝かかりつけドラッグストア〟の機能

2万2000店余りのドラッグストアは、地域住民の〝かかりつけ〟としての役割を担っているが、健康創造時代下の機能は大きく分けて三つある。大衆薬を中心とした一次機能としてのOTC薬を中心とした物販機能、二次機能が処方箋調剤、そして三次機能は疾病予防をアドバイスするカウンセリング（接客）だ。

一次機能：大衆薬を中心としたセルフメディケーションを支援する物販

■漢方薬や薬局製剤にも注力するケースも目立ってきた

〝かかりつけドラッグストア〟の一次機能は、国民のセルフメディケーション・ニーズの高まりを受け、大衆薬を中心とした自己治療をさらに拡大してサプリメント、ハーブ、アロマテラピー、ホメオパシー、健康機器など補完代替医療分野も含めて対応す

ることである。

数多くのＯＴＣ薬が開発され、市販されているが、薬事法（現薬機法）の改正によって、医薬品の３分類が登場し、薬剤師とともに医薬品登録販売者がその機能を担う。

近年では、漢方薬や生薬などの需要も増え、これからドラッグストア店頭での武器となり得るだろう。四国のドラッグストアでは、漢方薬が売れていた。その理由は、店長が個人的に学んでいた中国の後漢末期から三国時代に張仲景が編纂した伝統中国医学の古典『傷寒論』に記載されている漢方薬を推奨販売していたからだ。そのことを聞き付けたスタッフが一人二人と学ぶようになっていったという。

もともと〝かかりつけドラッグストア〟は、小さな薬局としてスタートし、地域住民のための相談所としての機能を発揮していたケースがほとんどであり、ディスカウント時代の差別化策として、漢方相談を得意としていた店も少なくなかった。

現在、薬局製剤にも力を注ぎ、中小薬局で組織するグループへ入会し、ともにオリジナル商品販売を推奨するドラッグストアも増えてきた。中小の薬局もドラッグストアも、国民の健康創造に役立つための研鑽は、むしろ競合が激しくなるからこそ、積極的にチャレンジする心を忘れてはならない。

■気軽に来店客へ声をかけるライトカウンセリングのすすめ

一次機能には店内で回遊し、来店客が商品を手に取った際に、すかさず「どのような症状ですか?」と声をかける。「最近、疲れがひどくて…」「肩が凝るんだけど…」「喉が痛くて…」「咳が止まらなくて…」となれば、その人にあった大衆薬などヘルスケア商品の推奨販売ができる。これを「ライトカウンセリング」(側面販売)という。

短時間でニーズを聞き出すことができるスタッフを常駐させるためには、それなりの研鑽が不可欠になる。これが、アメリカ流通視察で創業者たちが何度も体験した「May I help you?」である。

その一方で、「まあ、お座んなさい」と時間をかけて相談に乗る「ヘビーカウンセリング」(対面販売)を得意とする店も少なくない。こうした事例は、多忙を極める現代人には向かないという声も聞かれるが決してそうではない。むしろ「集客」ならず「執客」にこだわる店もある。

「執客」とは、一人の相談客に「必ず健康を取り戻してほしい」とじっくりと時間をかけて相談に乗るケースだが、その代わり1日に数名しかできない。ドラッグストアであれば、例えば漢方の煎じ薬を武器とする予約制なら、十分に可能性はある。日々の来店客に対して、ディスカウントするもよし、時間をかけてカウンセリングするもよし。それぞれの店によって経営方針が異なるから、絶対的な正解はないが、最終的に店を選ぶのは生活者だ。

いずれにしても、健康創造時代にあって病気産業から健康産業への道を歩むドラッグストアは、健康長寿をサポートするヘルスケア・アドバイザーを常駐させ、常に来店客に満足を提供する〝かかりつけ〟でありたい。

二次機能：処方箋調剤と服薬指導・管理

■欠かせない〈薬＋薬〉〈薬＋食〉との相互作用チェック

かかりつけドラッグストアの二次機能は、医療機関から発行された処方箋の迅速・

正確な調剤及び服薬指導・管理であるが、それに加え、欠かせない業務が、医薬品と医薬品との相互作用のチェックである。近年、需要が増えているサプリメントや一般食品などとの相互作用（併用禁忌）が問題となっていることが背景にある。

１９８０代だったと記憶しているが、医薬分業が遅々として進まなかった時代に、処方箋を持参してきた患者に、他にどのようなものを飲んでいるかを聞き出し、ペーパーにまとめて、その情報をＦＡＸで処方箋発行医に送信する薬剤師がいた。その薬剤師は、患者に電話代として10円を渡して、その後の状態を報告してもらっていた。患者が処方薬の他に飲んでいたのは大衆薬とサプリメントだったという。

その薬剤師は、早くから医薬品と食品の相互作用問題に注力していたようだ。たかが10円、されど10円。薬剤師が患者に渡した10円が持つ意味は極めて大きかった。患者にとっては、自身の健康管理と相互作用というチェックをしてくれるための10円だったから、私はその薬剤師に興味を持ち、何かにつけて店を訪問し取材した。

今はサプリメントのことがわかる日本医師会、日本歯科医師会、日本薬剤師会監修の書『ナチュラルメディシン・データベース』（健康食品やサプリメントで使用されている素材、成分、安全性、薬との相互作用、使用量などが記載）が刊行されている。ドラッグストアでは食品の取り扱いが増えているだけに、薬剤師や医薬品登録販売者は、日頃から処方箋を持参した患者、大衆薬を求めてきた相談客に活用したい。

■「1錠不足している」と連絡があった高齢者宅へ車で30分かけて届けた店長

80％に手が届くまでになった医薬分業。かつてその道のりは険しかったが、1997年に当時の厚生省（現厚生労働省）が、37のモデル国立病院に対して完全分業（院外処方箋受取率70％以上）を指示したことによって大きく前進。24年後の2021年度に全国の医療機関から発行された処方箋枚数は7億7143万枚、調剤報酬額にして7兆3675億円に達している。なかでもドラッグストアの場合は、病院の門前、オフィス街、SC、SM等々、様々な立地へ出店し、24時間対応店もあり、処方箋調剤の実績は、推定で1兆2000億円近くになり、経営への貢献度は高い。

ところが、わざわざ足を運び処方箋を持参しても、調剤の待ち時間が長かったり、待合室が混雑する事例は少なくない。例えば、処方箋を持参した高齢者が待合室で立っていることに気づかないことがある。調剤に追われる薬剤師は致し方ないとしても、常駐する管理栄養士や医薬品登録販売者、事務スタッフがせめて一人でも、混雑する待合室にも目を注いでいれば、立ったままの高齢者に気づいたはずだ。

病院の待合室で長時間待たされていた高齢の患者から、こんな話を聞いたことがある。

高齢の女性患者が病院の門前薬局に調剤をしてもらい、自宅に戻って薬を数えたら、1錠足りないことに気がついた。患者は薬袋に記載された担当薬剤師に連絡し、その旨を伝えたところ、電話に出た若い薬剤師から、「私はきちっと数えて薬袋に入れたから間違うはずはありません。あなたの数え間違いではないですか」と強い口調で言われたという。しかし、そのやりとりをみかねた店長が電話を代わり、「申しわけございません。これから不足分をお届けいたします」と言って、なんと不足分のその1錠のために車で30分かけて届けにきたそうだ。

この話には後日談がある。

「あそこの店長さんは、不足分の1錠を30分かけて届けに来てくださったのよ」と、ご本人が通院仲間に待合室で話したところ、その話が口コミで広がり、薬局の評判が上がったのだ。ひょっとしたら若い薬剤師が言うように、患者が数え間違いをしていたかもしれない。しかし、店長が即取った行動によって、その薬局は、高齢者の間で、「優しい店長のいる」店として評価され続けているということである。

三次機能：予防面を中心とした接客

■「健康院」創設に動いた東京女子医大の桜井靖久さん

医療の流れがキュア（治療）からケア（予防する）へと移行しつつあるなか、ドラッグストアの三次機能は、予防面を核としたセルフケア、セルフプリベンションのアドバイスである。セルフケア、セルフプリベンションは重要なキーワードであり、それを実践し、国民を健康で快適な生活へ導くことがドラッグストアの役割である。

私が記者としてお会いして、多くのことを学んだたくさんの方々のなかから、国民の予防について力説していた方を紹介させていただく。

「病院があるならば健康院があってもいい。これからは病気産業から健康産業へ、国民に健康になる方法を提案することだ」。東京女子医科大学の名誉教授として活躍されていた桜井靖久さんである。

桜井さんとは、2000年4月に創刊された日刊の医療専門紙の遊軍記者時代に取材を通じてお会いした。桜井さんは、予防に力を入れる拠点としての「健康院」づくりの核として、予防面を中心とした接客機能を持つ薬局・ドラッグストアを高く評価していた。

「ヘルスケアに対して正しい健康・知識を持つこと。そのうえでリスク因子を知ること。そのリスク因子に対応して日常生活を調整することだ。これからは、ヒトゲノムの解析によって自身の疾病の発生が予想できる時代になってくるから、病気を発症させないよう予防意識が高まってくる国民に向けて、積極的にセルフケアをアドバイスする場が求められている」と指摘し、予防による健康創造を提供する場として「健康院」創設の必要性を主張されていた。

■これからの医療のあり方について言及し「ヘルスケアパーク」も提案

「病気に悩む人を癒すことが、医療のこれまでの役目だった。医療は癒しの技術として人々に貢献してきたが、技術革新が進む長寿社会になると、病気になってから治すのではなく、あらかじめ病気を予防して健康を保つことが大事になる」として、桜井さんは、これからの医療のあり方について、次のような項目を挙げられていた。

○医療は癒しの技術から予防・健康・ＱＯＬの向上へ、病院のほか健康を創造する施設が必ず必要になってくる

○疾患に対するリスク因子が、ある程度予見できるようになってきている

○ヒトゲノム解析が進み、例えばがんになりやすいとか、病気に対するリスクファクターがわかってきている

○今までは、がんに対するリスクファクターがわかっておらず、主に家族の家系から推察することしかなかったが、リスクファクターが判明してきたので、予防や健康づくりの方向に医療の主眼が移ってきた

○セルフケアを継続するためには、支える場、一緒に続けられる仲間、きちんと相

談にのってくれる専門家が必要になってくる
○年をとっても元気でいられるためには、常日頃から健康と医療について正しい知識を持ち、自分の責任で常に自分の心と体に注意を払うセルフケアが大事になる
○国民一人ひとりが、自らの健康を守るためには、結局は自らの養生を、自らが行うセルフケア以外に道はない

そして、桜井さんが「健康院としての機能を発揮できる代表として、地域住民の健康産業最前線に立つ拠点が担うべきだ」と語っていたことを思い出す。

桜井さんは、拠点となるべき地区として当時、3000か所あった市町村での「ヘルスケアパーク」構想を打ち出し、「可能になれば世界でも類のないヘルスケアネットワークが構築できる」と指摘していた。

「ヘルスケアパーク」は、国民一人ひとりの未来健康を支える基盤として、セルフケアに関する正しい知識が楽しく学べて、親身になってくれる健康相談所があって、様々な健康産業の常設展示があって、さらに世界のネットワークを通じた健康情報の

受信と発信が可能な拠点づくりだった。

今思えば、この構想が実現していたら、国民の健康創造への歩みはもっと早まっていたかもしれない。

第5章

ヘルスケア・ステーションとしてのドラッグストアが往く

1．ＪＡＣＤＳが目指す２０３０年、13兆円産業化への道

■ドラッグストアが国民のための産業として描くシナリオ

念願の２０２５年10兆円産業化が当確となったドラッグストア業界。だが、これからはとてつもない競合の波が、とてつもない勢いで押し寄せてくることは間違いない。国民のための産業として描く次なるシナリオの一つは、「２０３０年13兆円産業」だ。ＪＡＣＤＳによる達成計画の予想数値（２０２２年比）は次の通り。

◇全国ドラッグストア総売上高：13兆円（１５２％増）
◇全国ドラッグストア総数：３万５０００店舗（１６１％増）
◇ドラッグストア薬剤師育成：４万人（１８５％増）
◇医薬品登録販売者育成：18万人（２１５％増）

ＪＡＣＤＳが掲げた２０３０年13兆円産業化の実現が果たして可能なのかは、誰にもわからない。しかし、10兆円産業の当確を推察した、５年間における総売上高の平

均成長率（２０１７年～２０２１年）５％を掛けて弾き出すと、次のようになった。
◇２０２６年：10兆３８１４億円×１・０５％＝10兆９００５億円
◇２０２７年：10兆９００５億円×１・０５％＝11兆４４５５億円
◇２０２８年：11兆４４５５億円×１・０５％＝12兆１７８億円
◇２０２９年：12兆１７８億円×１・０５％＝12兆６１８７億円
◇２０３０年：12兆６１８７億円×１・０５％＝13兆２４９６億円
この手法によると、２０３０年のドラッグストア市場は13兆円に手が届くことになるが、大切なことは、地域住民から「また来店したい」と思ってもらえる店づくりに専念し、自店の信者＝ロイヤルカスタマー（優良顧客）をいかに増やすかである。

ドラッグストア業界が、まず２０２５年の基点を通過してさらに５年間、いかに生活者から支持され、「また来たくなるドラッグストア」を創造していくか。これからの努力目標としたい。

13兆円を可能にするためには、セルフプリベンションをサポートする物販、ＨＩＴを含めた処方箋調剤、在宅医療・介護分野へ積極的に参画し、他業態とのコラボレーションに加えて、社会貢献を果たすことである。一部には訪日観光客の〝爆買い〟を期待する声もあるが、それは他力本願になる。ドラッグストアの〝真価力〟に期待したい。

■次世代の豊かな社会づくり、身近な健康相談窓口として情報収集の重要性

２０２２年10月、ＪＡＣＤＳは、「ドラッグストアは身近な健康の相談窓口」として健康生活拠点推進化計画を公表した。

そのなかで、ドラッグストアの存在意義と役割について、「１９９９年のＪＡＣＤＳ設立から20数年が経過し、本格的な実態調査を開始した２０００年時に７７２８店舗であった正会員ドラッグストア店舗数は、２０２１年に１万９９１７店舗、処方箋取り扱い店舗数は６５４９店舗となり、業界全体の推計店舗数は、およそ２万２０００店舗を数えるに至っている。ドラッグストア業界に身を置く主な資格者は薬剤師２万１６５３人、医薬品登録販売者８万３５８６人、管理栄養士３３０９人（いずれも２０２１年正会員企業、８ｈ換算人数）となり、10万人以上のスペシャリ

ストを擁する業界に成長している」として、これから取り組むべき課題が記されている。

「ドラッグストアは、規模の追求だけでなく1店舗1店舗が地域で果たす役割を常に見直し、生活者の支持を得ることで現在も成長を続けてきたが、高齢化と少子化の進む日本で、医薬品をはじめとする生活必需品の供給はもとより、各種医療関連サービス、健康寿命延伸に向けた予防関連サービスの担い手として大きな役割を果たすことができる。JACDSは、2025年10兆円産業化とともに、時代の豊かな社会づくり、そして生活者の健康相談窓口として機能を担うために、ドラッグストアの健康生活拠点（健康ステーション）化を推進する」

そのためには、身近な健康相談窓口として、様々な情報を入手しておかねばならない。体の悩みから家族のこと、高齢者施設のこと、がんや糖尿病等、ニーズは多い。来店する生活者に対応するスタッフは、常に情報を収集する力が不可欠になる。

VANという言葉がある。Value Added Networkの略で、付加価値通信網と訳すが、かつてこの言葉が小売業界でしきりに使用された。私自身もこの言葉にＨＥＡＬＴＨをプラスした「ＨＥＡＬＴＨ ＶＡＮ」（付加価値健康通信網）の重要性を感じ、薬局経営者のセミナーでもその活用を指摘してきた。

この言葉の持つ意味は、様々な情報（薬局やドラッグストア、問屋やメーカー、行政など取材先、新聞、テレビ、ラジオ、ミニコミ紙など）を入手し、自分なりに咀嚼して新しいオリジナルの情報として読者に提供することである。

健康生活拠点としてのドラッグストア店頭で実践してほしいと思う。

■ＪＡＣＤＳが描く地域住民のための健康生活拠点としての推進計画

シナリオでは、２０２２年度の総人口が１億２５５０万人から２０３０年には１億１６６２万人に減少すると予想されていることから、２０２２年の１店舗あたり人口５７００人が２０３０年に３３００人になると見て、「再来店、来店頻度向上に向けた施策」の実施を促している。具体策は、以下の４項目である。

◇受診勧奨ＧＬ（ガイドライン）対応スタッフ育成：20万人

いつでも頼れるドラッグストアづくりのために、ＪＡＣＤＳ版受診勧奨ガイドラインの整備と各企業及びＪＡＣＤＳでの対応スタッフの育成。
◇食と健康アドバイザー育成：10万人
予防分野でのドラッグストアの機能強化として、「食と健康アドバイザー」制度開始を目指す。
◇食と健康売り場展開店舗：1万8000店
機能性を訴求する食品を体系化して、アドバイザー制度と連動し市場を確立する。ＪＡＣＤＳがすでに公開した販売マニュアルも、消費者庁との継続協議で内容を進化させ、メーカー団体とも歩調を合わせてドラッグストアでのＭＤ開発の強化。
◇ヘルスチェックサービス対応店舗：1万8000店
検査機能拡充とパッケージ化による拠点拡大のため、検査薬及び検査キットの推進、店舗（販売、カウンセリング）に加えてスマホなどでのコンタクト&コミュニケーションでの顧客化を支援、店舗での機能強化とマネタイズパッケージ開発。

ＪＡＣＤＳでは、ドラッグストアを「健活ステーション」として位置づけ、生活拠点としての全国展開を検討している。

2. かかりつけとしてのドラッグストアに期待する

■ドラッグストアが取り組む処方箋調剤市場の課題

高騰する国民医療費に占める薬剤比率が増え、2年に一度の調剤報酬改定が実施されたことで、2016年度と2018年度の調剤報酬はマイナスとなった。そして、2020年度にはコロナ禍による医療機関への受診率が減り、処方箋枚数が初めて前年比10%ダウン（8億1803万枚→7億3116万枚）、しかも調剤報酬額は7億3698万円→7億1433万円と3%減った（表参照）。

処方箋ビジネス市場全体では成長にブレーキがかかるかたわら、ドラッグストア業界では、調剤ビジネスに目を向け、調剤室併設率を増やし調剤報酬額は1兆2000億円を超えた。むろん処方箋調剤部門の経営貢献度が高いとあって、これから調剤室を併設した家電やカメラ量販店、さらに調剤専門企業と融合し、SCやHC、SM、駅構内への調剤室併設店等々、競合店が急速に増えることは間違いない。

24年間の処方箋調剤の推移

年度	医薬分業率	前年比	処方箋枚数	前年比	調剤報酬額	前年比
1998年	30.5%	3.7%	4億枚	118.4%	1兆8906億円	—
1999年	34.8%	4.3%	4億5537万枚	113.8%	2兆2914億円	121.2%
2000年	39.5%	4.7%	5億620万枚	111.2%	2兆6603億円	116.0%
2001年	44.5%	5.0%	5億5960万枚	110.5%	3兆1129億円	117.0%
2002年	48.8%	4.3%	5億8462万枚	104.5%	3兆4175億円	109.8%
2003年	51.6%	2.8%	5億9812万枚	102.3%	3兆7297億円	109.1%
2004年	53.8%	2.2%	6億1889万枚	103.5%	3兆9964億円	107.2%
2005年	54.1%	0.3%	6億4508万枚	104.2%	4兆3976億円	110.0%
2006年	55.8%	1.7%	6億6083万枚	102.4%	4兆5211億円	102.8%
2007年	57.2%	3.1%	6億8375万枚	103.5%	4兆9160億円	108.7%
2008年	59.1%	1.9%	6億9436万枚	101.6%	5兆1731億円	105.2%
2009年	60.7%	1.6%	7億222万枚	101.1%	5兆5613億円	107.5%
2010年	63.1%	2.4%	7億2939万枚	103.9%	5兆7592億円	103.6%
2011年	65.1%	2.0%	7億4689万枚	102.4%	6兆2025億円	107.7%
2012年	66.1%	1.0%	7億5888万枚	101.6%	6兆3058億円	101.7%
2013年	67.0%	1.1%	7億6303万枚	100.5%	6兆6575億円	105.6%
2014年	68.7%	1.7%	7億7558万枚	101.6%	6兆8121億円	102.3%
2015年	70.0%	1.3%	7億8818万枚	101.6%	7兆3847億円	108.4%
2016年	71.7%	1.7%	7億9929万枚	101.4%	7兆1721億円	97.1%
2017年	72.8%	1.1%	8億386万枚	100.6%	7兆2908億円	101.7%
2018年	74.0%	1.2%	8億1229万枚	101.0%	7兆1392億円	97.9%
2019年	74.9%	0.9%	8億1803万枚	100.7%	7兆3698億円	103.2%
2020年	75.7%	0.8%	7億3116万枚	89.4%	7兆1433億円	96.9%
2021年	75.3%	-0.4%	7億7143万枚	105.5%	7兆3675億円	103.1%

日本薬剤師会医薬分業進捗データから

■処方箋を持参する患者は「ロイヤルカスタマー（優良顧客）」

医療機関から発行される処方箋の受取率（医薬分業率）は、80％に手が届くまでになったが、2年に一度の調剤報酬の改正（2016年度・2018年度・2020年度）とコロナ禍による医療機関への受診率が減ったことにより、市場全体で処方箋調剤ビジネスの伸長率にブレーキがかかる。一方で、ドラッグストア業界では、むしろ調剤ビジネスに目を向けたことで経営貢献度が年々拡大し、この3年間で売上げが28％増え、6年間の成長率は60％に達している。

ただ、処方箋ビジネスは医療保険財政に依存しているため調剤報酬額を抑制する動きがあるが、実は処方箋を持参する患者は、定期的に来店するロイヤルカスタマー（優良顧客）であるということを認識しなければならないだろう。

これから競合店が増えてくる。すでに調剤部門を併設した家電やカメラ量販店、異業種企業、さらにSCやHC、SM、駅構内への出店が急速に増えていくが、その方法は、調剤でノウハウを持つ調剤薬局チェーンとの融合出店である。

新規出店企業の狙いは処方箋調剤だけではない。定期的に処方箋を持参して来店する患者（ロイヤルカスタマー＝優良顧客）の囲い込みにある。

ドラッグストアにとっては、処方箋を持参する患者をどうリピート（再来店）に結び付けるか、そこが腕の見せどころだ。

■国民はオンライン診療、オンライン薬局のメリットを意識し始めた

コロナ禍によってオンライン診療を受診する患者が増えてきた。同時に、医療機関から発行されるＦＡＸ処方箋を応需するオンライン薬局もデビューしている。

都内のオンライン薬局では、ＦＡＸ処方箋を応需し、宅配便で患者宅へ配送するほか、20代から50代の女性を中心に、多岐にわたる症状をＬＩＮＥで相談を受け、漢方薬に精通した薬剤師が、一人ひとりの症状にあった情報を提案し適切な漢方薬を購入できる定期便サービスにも取り組んでいる。このサービスを利用するＬＩＮＥ公式アカウントの登録者数は、すでに20万人を超えているという。

処方薬や漢方薬が、患者宅に届いたころを見計らって薬剤師が患者に連絡して、服用方法や飲み残しがないようアドバイスする。現在、服用している薬との飲み合わせ

や複数の症状に関する相談、商品購入後も改善しているかどうか、定期的に薬剤師から確認する。それが双方向のチャットを利用することで可能になる。

時間をかけてリアル店舗に行き、薬剤師にアドバイスを受けるよりも、時間の省力化、高いカウンセリングに対する満足度など、メリットを一度でも体験した国民は、徐々にオンライン薬局を利用するようになるだろう。

リアル店舗のなかには、相変わらず定期的に処方箋を持参して来店する患者に対して、名前を聞くよりも真っ先に「お薬手帳を持っていますか」と声をかけるケースが多い。そんなことでは患者は満足しない。

人が介在するリアル店舗ならではのメリットを提供しなければ、ロイヤルカスタマーになるはずの優良顧客も離れてしまう。まして欲しい商品もなければ、あっても品数が少なければビジネスにはほど遠いといわざるを得ない。オンライン薬局の登場は当然の成り行きだろう。

「あなたの不調、LINEで相談してみませんか？　当薬局を活用することで、解決する方法が見つかるかもしれません。LINE登録して約3分。症状を選んで15問前後の質問に答えるだけで、漢方薬に精通した薬剤師が、あなたに合うような情報を提案します」

こんな訴えかけで、このオンライン薬局の登録者は増えてきた。

2023年1月から電子処方箋の運用が始まり、医薬分業は新しい時代に突入した。電子処方箋については、厚生労働省が医療機関や薬局に向けて様々な広報活動を行っているが、導入することによって、どのようなことが期待されているだろうか。

複数の医療機関や薬局間における直近の処方箋情報の入手で、薬剤の重複投与チェックが即可能になるだけでなく、医療機関と薬剤師とのコミュニケーションが円滑に図れるようになる。

処方箋を応需する側の薬剤師業務は、処方内容の入力作業や紙処方箋の保管が不要になる。その分、薬剤師は店頭で、より患者に寄り添った対応（カウンセリング）を行えるようになり、そのメリットは大きい。

3. さらなる差別化へのキーワード

■ドラッグストアにおける四つめの機能（在宅医療・介護）

かかりつけドラッグストアにおける三つの機能（物販・処方箋調剤・予防）を紹介してきたが、さらに付加させなければならない四つめの機能が、在宅医療・介護分野への参画である。

とくに高齢者人口の増大に伴い、在宅医療・介護に対する需要は拡大しているだけに、ドラッグストア各社が参入し、地域で医療機関、看護師、介護スタッフと薬剤師による多職種連携が目立ってきた。

先に1992年の第二次改正の際に、〝予防〟の二文字が盛り込まれたことを記したが、実はこの改正では、次のように医療を提供する場として〝居宅〟の二文字も新しく盛り込まれた。

「医療は、国民の健康の保持のための努力を基礎として、病院、診療所、老人保健施設その他の医療を提供する（以下「医療提供施設」という）、医療を受ける者の居宅等において、医療提供施設の機能に応じて効率的に提供されなければならないこと」入院、外来に次ぐ第三の医療として位置付けられた〝在宅医療元年〟を契機として、訪問診療に携わる医療機関が増えた。と同時に、在宅医療に関わる報酬もアップした。「病院から自宅に戻り家族とともに暮らしたい」というニーズに対応し、ドラッグストアの薬剤師は、積極的に調剤室からコミュニティへ、患者宅への訪問活動が活発化してきた。

かかりつけドラッグストアへの道を、さらに歩んでいただきたい。

■かかりつけドラッグストアが取り組むべき在宅医療とその推進

高齢者人口の増大と「病院から自宅に戻りたい」と願う患者が年々急増するなか、在宅医療分野でかかりつけドラッグストアが取り組むべき項目を以下に紹介する。

①ＨＩＴ処方箋への対応・クリーンルームやクリーンベンチを設置して高カロリー輸液の調製や注射薬の混合業務と患者宅へのデリバリー、服薬指導、薬剤管理

②ＰＥＧ（胃ろう）に関する知識の習得と相談、経腸栄養剤の提供
③ＣＡＰＤ（在宅自己腹膜灌流法）に伴う情報と関連用品（衛生用品）の提供
④在宅医療廃棄物処理への協力
⑤患者宅への訪問服薬指導管理（薬歴や薬剤などの保管管理、医師・看護師などとの情報交換）
⑥在宅医療に関わる医療機器（酸素器具、インスリンの自己注射に関わる注射器と針）、用具（ＰＥＧに使用するチューブなどの医療衛生材料）
⑦残余薬剤のチェックと管理
⑧患者の住環境を衛生的に保つための指導・助言
⑨患者宅へのカロリー輸液や麻薬のデリバリーと薬剤の管理指導
⑩高度在宅医療に必要な特殊製剤などの調剤・使用指導
⑪医療機関や訪問看護ステーション、ケアマネージャー、処方薬や輸液など薬剤をデリバリーする際に不可欠な製薬メーカーや卸担当者との情報交換
⑫患者宅への24時間、３６５日対応

■HIT（家庭における輸液療法）との出会い

病院と同じ治療が受けられ、家族とともに暮らすことができる在宅医療へのニーズが年々増えるとともに、病院やクリニックからの依頼で、ドラッグストアや薬局の間にクリーンルーム（クリーンベンチ）の設置が目立ってきた。無菌ルームを導入するケースは、日科ミクロンの調べによれば1000箇所を超えているという。

私は、1985年から今日まで、設置が進む各地の導入事例の取材に取り組んできた。たくさんの薬剤師の訪問活動に同行し、時には医師と看護師にも同行し、患者さんの取材もさせていただいた。

在宅医療最前線で活躍する薬剤師は、終焉の場にはいないケースがほとんどだが、訪問の際に、「患者さんと話をしていて、時折見せる笑顔は忘れられません」と話してくれた女性薬剤師は、目にいっぱい涙を浮かべて思い出を語ってくれた。24時間、365日、いつでも患者宅や医療機関から要請があれば訪問する体制をとってきた薬剤師は、私が主宰していたハワイ在宅医療視察で、スマホとタブレットを片時も離さなかった。スタッフや患者の家族からの緊急連絡に対応するためだ。

在宅医療は、地域にとってはそれほど不可欠な存在であり、ニーズはどんどん増えている。

長年にわたって現場を取材してきた記者として思うのは、「在宅医療の現場って、まさに温もり医療なんだ」ということである。

在宅医療・介護分野の取材を始めてから、かれこれ37年余りが経過した。取材を始めてから10年後の1995年12月に、在宅医療の現場を通じ、ホーム・インフュージョン・セラピー（HIT）の存在を知った。「家族と暮らせる」「仕事に復帰できる」「痛みさえなければがんと戦える」ことで患者が笑顔になる。そのためにHITにも関心を持つようになったのである。

HITとはHOME INFUSION THERAPHY（家庭における輸液療法）の頭文字を取ったもので、これまで一度も聞いたことのない名称であった。当時、関係者の認知度は低く、ましてや薬局やドラッグストア経営者たちの関心はほとんどなかった。

しかし、1980年代に、すでにHITに欠かせないクリーンルームを設置してい

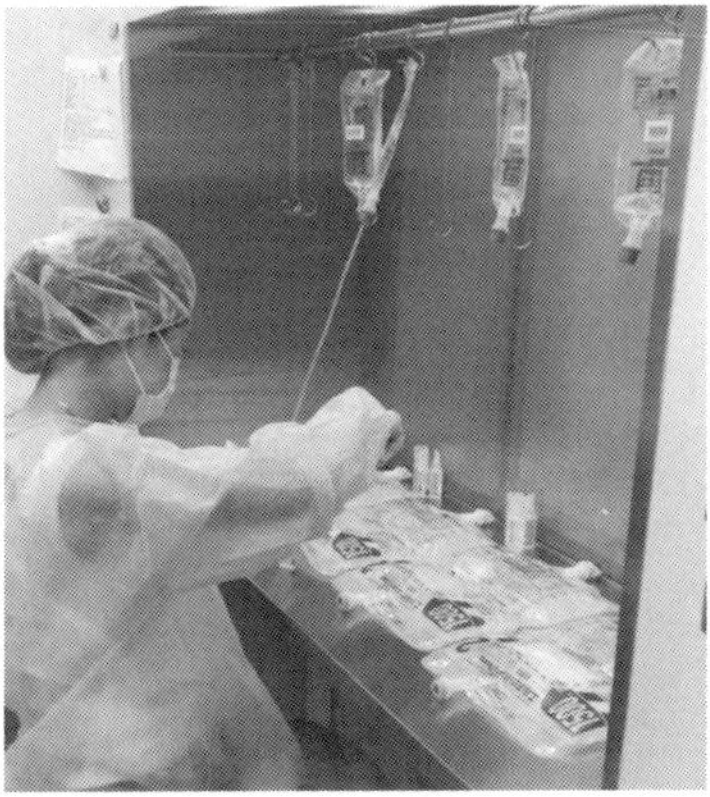

高カロリー輸液を調製する薬剤師

る薬局が存在していたのである。

これからドラッグストアが在宅医療分野に参画するには、ＨＩＴ処方箋の応需に欠かせない無菌ルームの導入が増えてくる。そこには、生きるための栄養療法が必要な患者が存在しているからだ（写真参照）。

処方箋調剤、自宅で寝たきり状態になった時の在宅医療、認知症になった場合の相談・受け入れ、終末期医療と疼痛管理に対応するＨＩＴ処方箋に対応する無菌調剤室の設置と患者宅への訪問活動等々、かかりつけドラッグストアが果たす役割は、ますます重要になる。

■高齢者、身障者、子連れの母親に喜ばれる店づくり

ドラッグストアには、いろいろな悩みを抱える人が訪れる。耳が聞こえにくい患者、白内障など目の悪い患者も来店する。

手話に対応できるスタッフを雇用している店舗も最近では増えてきたが、時として調剤業務に追われるあまり、高齢患者の目を見ることなく薬手帳に記載されている情報を棒読みにするケースもある。

地方の病院の門前に開局するドラッグストアでは、スタッフが調剤室に待機し、患者に寄り添っている光景を見た。経営者いわく、「高齢者の場合、自分の弱点を薬剤師に伝えないケースが多いことから、専従スタッフを雇用した」と。

視覚障がい者のために開発されたシステムを普及している特定非営利活動法人日本視覚障がい情報支援協会（ＪＡＶＩＳ）の理事長を取材した際に、視覚障がいで字を読めない人は１３０万人超、読みづらい人も30万人に及ぶことを教えられた。

同理事長からは、「このうち点字が理解できる人は１割にすぎない。実に９割の人が点字を理解できません。身内がいれば、安心して重要な書類の中身を見ることがで

きますが、大半の人は、その場で他人に読んでもらうしか方法がないのが現状…」と聞いた。

そこで開発されたシステムは、音声コードリーダー多機能搭載の「らくらくホン」。文字が読みづらい人々の医薬品情報を音声で読み上げてくれる仕組みだ。「医療機関や調剤薬局など、自治体、民間企業で採用されるようになっている」そうだ。

ちなみに音声コードとは、ＪＡＶＩＳが開発した漢字を含む文字データを約８００字記録できる携帯電話対応二次元コードのことだ。音声コードをカメラで撮影して文字データを読み取り、表示や保存し、読み取ったデータは読み上げ機能を使用した音声で読み上げるシステムである。

目に障がいを持つ人に、薬剤情報文書に記載されている文字をスキャンして、それを音声にしてイヤホンで聴こえる機器を開発した企業もあった。

待合室を巡回し、体調が思わしくない人に声をかける優しいスタッフが常駐する薬局も取材した。

処方箋を持参した患者の状態に気を配ることも、かかりつけドラッグストアのスタッフの大切な業務の一つだ。

コロナ禍にあって、医療機関の受診が抑制され、処方箋枚数が減少していることが指摘されている。

そんな状況にあっても、調剤室併設の新しい店舗を増やし、来店客のために調剤の待時間の短縮へ、発行された処方箋を画像にしてドラッグストアに送信する独自のアプリケーションの導入、ロボット調剤の採用、薬剤師の服薬指導、管理栄養士による栄養指導、在宅医療に伴う無菌調剤室の設置と薬剤師の訪問活動とともに、腸活、免疫、血圧、糖尿病対策用品などの物販に、カウンセリング機能を付加させることによって、「あのドラッグストアにいって良かった」と言われるようになるのだ。

子連れで来店した母親が薬剤師から説明を受けている間、保育士の資格を持ったスタッフが、子供を遊ばせてくれる調剤薬局を取材した。子供と遊ぶスタッフは薬剤師でなくてもいい。例えば医薬品登録販売者が対応すれば、母親が安心して相談することができる。そんな店がもっと増えてほしい。

つい最近、ファミリーレストランで注文したメニューをテーブルまで運ぶロボットを見た。頭を撫でると、「ありがとうございます」と言って、キッチンに戻っていった。その仕草がなんとも可愛かったので、思わず笑顔が出た。

将来、人は不要になってしまうかもしれない。「そのうち我々は用無しになってしまいますよ」と、そんな話をしていたところ、高齢のご夫妻が来店された。テーブルにはメニューがなかったので、スタッフを呼んで注文をしたら、「すみません。注文はこのタブレットで…」「え、私たちはやり方がわからないです」。結局は、スタッフがタブレットを使用し注文の仕方を説明して、なんとか注文をすることができたのだが、そのご夫婦は、「この店は不親切な店」と受けとっただろう。

盲導犬を連れた目の不自由な方たちも、ドラッグストアに来るかもしれない。

店のスタッフは、いつでも、どのようなお客様が来店しても対応できるように教育されていなければならないのだ。

4．ドラッグストアの次世代経営者への提言

■「温故知新」から生まれる勇気と知恵、そして成功という道を辿るために

「温故知新」。この言葉をしっかりと受け止める時代が到来した。文字どおり「故きをたずねて新しきを知る」ことだ。今、この言葉の持つ意味は極めて大きい。

ドラッグストアの今日の隆盛には、国民の健康づくりがＯＴＣ薬を武器としたセルフメディケーション（自己治療）から、健康寿命延伸を合言葉に、ヘルスケア時代へと大きく変革したことが、その背景にある。

〝未病・予防〟をキーワードとしたビジネスへのチャレンジとは、超高齢社会に多発する生活習慣病、要介護者の増大に対応し、〝健康・医療・介護〟に照準を合わせ、国民のための「街のヘルスステーション」としての店づくりに力を注ぐことである。

ドラッグストア経営は、商品を購入する生活者だけではなく、そこで働く多くのスタッフ、商品を提供する取引企業（メーカーや問屋）、上場企業であれば多くの株主

のためにも利益を生み出さなければならないが、その一方では、社会への還元（貢献）も大切だ。

群雄割拠の時代にあっては、なおさら経営者の時代を先取りする〝先見性〟が不可欠になる。

ドラッグストア創成期の経営者たちは、莫大な経費をかけて、生活者から支持され愛されて来たアメリカの流通業をお手本として、何度も視察を繰り返してきた。こうした財産を受け継いだ次世代経営者たちは、先達が築き上げたノウハウをもとに、国民の健康創造に全力を注いでいるが、なかには「過去も大切だが、世の中は大きく変革しているから、創業時からの経営から脱皮しなければならない」と、企業規模の拡大にのみ目を向けるケースも少なくない。

このこと自体は決して悪いことではないが、創業者たちが、どれだけの人々と出会い、多くのことに遭遇し、その都度どのように自らが未知のビジネスに挑んで来たのか、その軌跡を今一度振り返る必要があるのではないか。そこに、新しい知識・創意・工夫を重ねれば、やがて相乗効果が芽生えて、他店との差別化の武器が生み出されるかもしれない。

企業の競合が厳しさを増し、いつ合併への道を歩まざるを得なくなるかもしれない状況下にある今、創業者たちは一人ひとりの来店客を大切し、自らが店頭に立ち、お客様の悩みに応えてきたことを思い出してほしい。

「温故知新」から生まれる勇気と知恵、そして成功という道を辿るためにも、改めて〝故き〟をたずねて、到来した時代に対応したオリジナル戦略を添えて、地域住民のための〝健康創造役〟として活躍することを願っている。

■サンキュードラッグ二代目経営者の平野健二さんからの提言

1999年にJACDSが誕生してから23年後の今、世代交代が進み、次世代経営者の手腕が期待されている。その一人、北九州市を本拠地とするサンキュードラッグ二代目経営者として、そして協業グループの本部長として活躍する平野健二さんは、かつてアメリカに留学していた体験をこう語る。

「ドラッグストアを勉強したわけではありませんし、2年半住んでいましたが、病気にかからなかったため、ドラッグストアに買い物を行ったことは数えるほどしかありませんでした。しかし、初めてのアメリカ研修から帰国後29年間、国内で講師を担当しながらアメリカの流通業の変遷を見続けてきたことで、『おそらく日本のドラッグストアはこうなっていく』未来像をクリアに描くことができました。それをサンキュードラッグの企業戦略として活用していったのです。

アメリカは規制が少ないため様々なトラブルが発生します。企業として成功する戦略もあれば大失敗もあります。『これはすごい』と思っても、3年後にはなくなってしまうものもあり、そこで、また『なぜダメだったのか…』と考えることをします。これは経営者として非常に良い勉強となりました。それと同時にアメリカでも人脈ができていきました。例えば、アメリカで薬剤師が予防注射やバイタルチェックが可能になる道筋をつくったドン・ダウニング教授や、ウォルグリーンの薬局担当の副社長等々との出会いです」

平野さんは、次世代経営者たちへ次のように提言している。

「二代目・三代目経営者を頼もしく思っていますが、彼らには、親の影というものが絶えずついてきます。そこで、いかに親を超えるかなど、そんな話になりがちですが、私は彼らにずっと『そもそも親を超えようという考え方が間違っている』と言い続けています。私や彼らが生きている時代は、先代が生きてきた時代と環境や会社の規模は違うため、そもそも同じ道を歩めるはずはありません。

もし同じ軸を歩いたら、30年後を歩いている人間が追いつけるはずはありません。彼らには『親父がX軸を歩んでいるのであれば、あなたはY軸を歩みなさい。その掛け算でより広い面積ができていく』と伝えています。自身の生きる時代が、どんな時代なのかを定義し見据えて、そこで、必要な自分の戦略を構築することが重要となります。リクエストがあれば、いくらでもそのお手伝いをしていきたいと思っています」

■経営者たちから慕われた石橋幸路さん（マルゼン創業者）語録

取材を通じドラッグストア創業者から多くのことを学ばせていただいたなかの一人に、日本のドラッグストア業界の発展に多大な貢献をされた石橋幸路さん（マルゼン創業者）がいる。

1985年のある日にお会いした際に、「石橋さん、混沌としている時代にあって、医薬品小売業界の誰もが知りたい『繁盛する法』をお聞きしたいのですが…」とぶしつけな質問をさせていただいた。

「山本君、僕が知りたいよ」と笑顔で話された石橋さんは、医薬品小売業の未来像について、専門性のある薬局、調剤機能を持つ薬局、調剤専門薬局、ドラッグストア、コンビニエンスストア+ドラッグストア、健康をメインとした品揃えをするヘルスケアストアなど、上昇気流に乗る業態を挙げられた。石橋さんのすごいところは、繁盛するであろう業態をずばり言い当てられたことである。

当時、石橋さんを師と仰ぐドラッグストア経営者、メーカーや卸企業のトップが、通称〝石橋学校〟に学んでいたのは、石橋さんが医薬品小売業の行く末に確かな目をも持っておられたからだ。様々な業態間のコラボレーションも見据えていた。

ところで、私の手元に石橋さんが執筆された『石橋書簡』があるので紹介しよう。

「人生で幸せなこととは、良い妻をもち、良き家族に巡り合うことである。そして、さらに人生を生きていく場合、良き運に巡り合い、良き友を持ち、良い師を持つことだ」として、以下の通り記している。

○当たるも八卦、当たらぬも八卦

見込み、未来というものは神様しかわからない。だからといって、何もせずに手をこまねいては何もできない。60％の可能性があればやるべきである。

○企画力と実行力

世の中には、知識のある人は多い。組織のなかで一番困るのは、評論家が多く、実行者の少ないことだ。大部分の評論家は、何々だからダメだと言う。知識のある人を重視するのも良いが、理論を実行、企画できる人こそ、一番大事であることを知るべきだ。

○付加価値商品の育成

われわれは、ともするとブランド志向となり、マスコミを重視するきらいがある。しかし、ブランド志向は競合化の荒波に乗り入れることになる。一味も二味も違った、他店にはないユニークな付加価値商品を自店で開発・育成し、消費者ニーズに応えられるような品揃えが大切である。

○良き師、良き本、良き友

金品、財産よりも大事なものは、「良き師」「良き本」「良き友」だ。孤独感を和らげてくれるのが、これら三つの取り合わせである。堆肥がなければ何を植えてもひ弱な作物しかできないことを、しっかり頭に植え付けることだ。

○石橋式戦術論

戦いに負けないコツは、勝つ相手と戦うことだ。あるいは戦わないことである。いざ戦う場合は、全力を挙げることが大切である。一瞬で決まる戦いもあるが、10年、20年と長期にわたる場合もあることを知っておくべきである。そして、戦う相手の半分くらいは、常に自己との戦いである。価格競争に勝った者は、必ず価格競争に負ける。だから価格競争に勝った翌日から、次への転身を心がけるべきなのだ。

○経営者は一生が勉強の連続

経営者は、一生が勉強の連続だ。良き先輩から学ぶことも大事だし、部下をはじめとする自分の周辺から、また友人から学ぶのも良し。盟友から注意を受け、さらに自身の糧とすることも大切になる。

そして、石橋さんは、

「自身がどんなに物事を知っていても、働くスタッフに基本的なことが浸透していなければ何にもならない。

企業の繁栄は、単純なことが、どれだけ実行されるかである。小売業は、現状では考えられないような寡占化が必ず起こってくる。競争相手も、従来の形の小売業だけではない。通信販売、無店舗、オンライン購買システム（O・P・S）など、様々な形態の販売業が、新たなるシステムを確立し、コンピュータを駆使して加わってくる。力のあるもの同士の提携も出てくるだろうし、小売業の合併も始まるだろう。3年後に良くなっているとしても、5～10年後にはどうか。息切れをしてはいないだろうか。

現在の企業体質を徐々にリフレッシュしながら、長く継続していくことが最も必要なことだ」

と提言されている。

37年前に話されたことが、現実になっていることを付け加えておきたい。

5．「また来たくなる店づくり」には人財が不可欠

■デジタル化がどんなに進んでも企業にとって人は大切な財産

10兆円産業化の実現が浮き彫りになり、２０３０年に13兆円を目指すドラッグストア業界だが、問題はその中身である。国民の健康創造へ、どれだけの力を注ぎ、貢献していくか。むろん利益の確保も重要だが、また来たくなるようなドラッグストアをつくるためには、人財が不可欠だ。

コロナ禍によってオンライン診療がますます本格化し、一般薬局や調剤専門薬局、調剤室を併設したドラッグストアへＦＡＸ処方箋が舞い込む率が高くなることは間違いない。しかし、いくらデジタル化が進んでも、「1日も早く快方に向かってほしい」という心を持つ人（薬剤師）を介したカウンセリング力が伴わなければならないことに変わりはない。

人は、企業にとって大切な財産。だから人財と記すことにしている。そして、その

重要な人財を育てるのもまた、人なのである。

たとえデジタルで武装された人財養成マシーンがあったとしても、それは心の伴わない機械人間が誕生するだけだ。

悲しい時に泣き、楽しい時に笑う。薬剤師は、がん患者の終焉に立ち会うことは、医師や看護師とは異なりほとんどないが、ターミナルケアの現場で、薬剤師として患者と家族に寄り添うことはできる。この寄り添いは、どんなにＡＩの時代になっても、決して機械にとって代わることはできない。

■忘れられない患者の「ありがとう」の一言と笑顔

ドラッグストアは、処方箋を調剤する場であり、物販の場でもあるが、そこに心を添えなければ、真のヘルスケア・ステーションとはいえない。

「ありがとう」。

最期に見られる患者の一瞬の笑顔は、在宅医療最前線で活躍する薬剤師たちの希望でもある。

10兆円産業化は、名実ともに国民の健康創造をサポートした代償であることを認識してほしい。

2025年、ドラッグストア市場10兆円は確実となり、さらに次のチャレンジとして2030年に13兆円市場形成を目指しているが、果たしてどうなるかは誰もわからない。だが予想はできる。私の見込みでは、目標に手が届かないことになるが、1年後の2031年には達成は可能だろう。しかし、大切なのは売上げ規模がいくら拡大しても、中身が伴わなければ何にもならないということだ。

身を削ってドラッグストアの産業化に全勢力を注がれたJACDS初代事務総長の宗像守さんが望んだドラッグストアの将来像は、ドラッグストアに行けば、スタッフの笑顔が待っていて、快適な生活のための情報や商品があって、買い物が終わりレジで支払いが済んだ後、思わず「また来たくなる」店であり、国民の誰にも信頼され、親しまれ、愛される業態であったに違いない。

エピローグ
「すべては国民の誰もが健康で幸せな生活を実現するために…」

ドラッグストア誕生に総力を挙げて挑んだ人々の長い物語をお読みいただき、感謝いたします。

8兆5400億円にも及ぶドラッグストア市場ですが、創業当初の小さな薬局が、健康意識の高まりにより、病気産業から健康産業へ、個人経営からドラッグストアへ、そして今やヘルスケアストアへと進化しました。

これからのドラッグストアは、健康寿命延伸産業の一翼を担い〝未病と予防〟をキーワードにヘルスケア商品（ハード）と情報（ソフト）、さらにカウンセリングという〝心〟を添える〝人財〟が店頭に常駐し、快適な健康生活を望む国民のために存在するものであることを決して忘れてはなりません。

「すべては国民の誰もが健康で幸せな生活を実現するために…」――過去も今もこれからも、このキーワードは未来永劫、中小薬局、調剤専門チェーン、ドラッグストアチェーンを問わず、次世代経営者たちに受け継がれてほしいと願っています。
『紙風船』というタイトルの歌が、薬剤師ソングとして医薬品小売業界の間でひそかに広がっていることをご存じでしょうか。
女性歌手のおかっぱミユキさんが、とある薬剤師との出会いがきっかけで彼女自身の実話をもとにつくられたそうです。
女性薬剤師の会合で初めて聞き、薬局の薬剤師との温かい触れ合いが瞼に浮かび、いつのまにか彼女の美しい歌声と歌詞に引き込まれている自分がいました。
その一部分を紹介しましょう。
♪小さい頃、私が熱を出したりすると、
お母さんにおんぶされて通ったおくすりやさん
具合の悪い私をそっと励ますように、おくすりと一緒にもらった紙風船
嬉しかった　ありがとう♪

私は子供の頃、かぜをひいて熱が出てセキが止まらないことが、よくありました。国民皆保険下にない時代ですから、母は私を連れて近くの薬局に行き、薬剤師に相談していました。

ミユキさんの歌声を聴いて、それが思い出されたのです。

対応してくれた高齢の薬剤師は、私の症状を母から聞くと、「坊や、ちょっと待っていてね」と調剤室に行き、やがて三角に包んだ薬を持ってきて、私に「坊や、これ飲んで、温かいものを食べて、眠りなさい」と笑顔で言いました。

そして、母が薬代を支払うと、帰り際に私の頭をなでて、「坊や、すぐよくなるからね。お大事にね」と薬（おそらく薬局製剤）と紙風船を私に手渡すのでした。

世の中がいくらデジタル化に進もうとも、このような触れ合いは不変だと私は確信しています。

そしてドラッグストアが存在する必然性は、企業規模の大小ではなく、店舗スペースの広さや豊富な品揃え、価格の安さだけではなく、心の交流にあるのです。

創業初日、夜遅く最後のお客様が店をあとにした時、創業者夫妻は、「お客様の姿が見えなくなるまでお見送りをし、一日も早く良くなっていただきたいと心の底から願いました」

この思いこそが、国民に支持され愛されるドラッグストアの真価なのではないでしょうか。

2023年1月

山本　武道

著者紹介

山本 武道（やまもと たけみち）

千葉商科大学経営学部経済学科卒。薬局新聞社の記者として中小の薬局、ドラッグストア分野、自然食品・ヘルスフードを取材。健康産業新聞社取締役を経て、青龍社取締役に就任。

その後、フリージャーナリストとして『JAPAN MEDICINE』（じほう社）、『ファーマウイーク』（同）の遊軍記者として参加。

2007年、ヘルスビジネスマガジン社取締役社長、がん患者と家族に向けたWEBサイト『週刊がん もっといい日』を開設し、編集長に就任。2013年に『調剤薬局ジャーナル』を創刊。2007年から中国ドラッグストア経営者対象の『月刊中国药店』（北京市）に連載中。

現在、モダン・マーケティング代表。『週刊がん もっといい日』編集長、シード・プランニング顧問。元麻布大学非常勤講師。

著書に、『かかりつけ薬局50撰』（共著：じほう社）、『かかりつけ薬局のための無菌調剤室導入のすすめ』（共著：ヘルスビジネスマガジン社）などがある。

評言社MIL新書 vol.013

ドラッグストア真価論

2023年3月10日　初版第1刷　発行

著　者　山本 武道
発行者　安田 喜根
発行所　株式会社 評言社
東京都千代田区神田小川町2-3-13 M&Cビル3F
(〒101-0052)
TEL 03-5280-2550（代表）　FAX 03-5280-2560
https://www.hyogensha.co.jp
企画制作　株式会社 エニイクリエイティブ
東京都新宿区四谷1-3 望月ビル3F（〒160-0004）
TEL 03-3350-4657（代表）
http://www.anycr.com
印　刷　中央精版印刷 株式会社

ISBN978-4-8282-0735-3 C3234
定価はカバーに表示してあります。
落丁本・乱丁本の場合はお取り替えいたします。